戦国大名の戦さ事情

渡邊大門

柏書房

はじめに

戦国時代は、日本史の分野でもっとも人気がある。戦国時代の研究ジャンルもさまざまであるが、有名な戦国大名の生涯や合戦は特に注目を浴びている。たとえば、ここ十年くらいで織《お》田《だ》信長《のぶなが》に関する本はかなり刊行され、合戦では「桶狭間《おけはざま》の戦い」「長篠《ながしの》の戦い」「関《せき》ヶ原《はら》の戦い」などの関連書籍が次々と刊行された。

本書は、戦国大名の戦争に焦点を絞り、その軍事システムを探ろうというものである。軍事システムといえば少し大袈裟《おおげさ》かもしれないが、「戦国大名の定義」「戦国大名の家臣」や戦争の意味から始まり、将兵の動員、武器、軍法、兵站《へいたん》、戦術、戦後処理に至るまでを論じるものである。

本論に入る前に、いくつか重要なことを述べておこう。

戦国大名の戦争については、有名な武将の大活躍や華々しい討《う》ち死に、また計算され尽くした戦術などが印象深い。それらは、小説や映画、テレビドラマなどで多くの人に伝わった。しかし、私たちが知る戦争にまつわる有名な話は、おおむね後世に成った軍記物語や家譜《かふ》などの二次史料に記されているに過ぎない。

史料には一次史料と二次史料がある。一次史料は同時代史料であり、書状や日記などが該当する。もっとも信頼しうる史料であるが、念のために史料批判を通した検証が必要である。書状にはあえて嘘《うそ》を書くこともあり、日記は伝聞の情報が多いので、注意しなくてはならないのだ。歴史研究をする場合は、一次史料を根本に据《す》えるのが基本である。

一方の二次史料は、後世に成った軍記物語や家譜の類などで、一般的に記述内容は信頼性が劣る。信頼性が劣る理由には、当該事件後からの時間経過も関係するが、何らかの意図をもって編纂《へんさん》されたという事情もある。たとえば、軍記物語や家譜は先祖の顕彰《けんしょう》、あるいは敵対した敗者を貶《おとし》めるなど、一定のバイアスがかかっていることがある。戦争に関していえば、軍功を記録した覚書《おぼえがき》、奉公書《ほうこうがき》などは、子孫に対して自身の軍功を強調して書き残すことが多い。したがって、一次史料以上に史料批判が必要なのだ。

さらに重要なのは、合戦前と合戦後の状況は一次史料で追うことができるが、合戦そのものの経過については、ほぼわからないということである。どこからどうやって攻めたのか、誰が活躍したのか、なぜ勝った（負けた）のか、などは二次史料の記述によるところが大きい。したがって、どこまで事実なのかはしっかり検証する必要がある。

次に、合戦研究の問題点を挙げておこう。近年では戦国時代の合戦を語る場合、近代の戦争論や戦略論、あるいは『孫子《そんし》』などの兵法書に基づいて解釈する例が散見される。そうした見解は、それぞれの理論を戦国時代の戦争に機械的に当てはめただけで、ほとんど参考にならない。戦国時代の実態に沿って、戦争を解釈する必要があろう。

本書では二次史料も使用するが、主に一次史料を根本に据えて、当該期の戦争について考えてみたい。特定の合戦の経過を重点的に取り上げることはしないが、随所で特徴的な合戦を検討する。本書を通して、戦国時代に関する戦争の実像を知っていただけると幸いである。

戦国大名の戦さ事情――目次

第一章　将兵の動員――戦いの「経済的負担」

第二章 軍装と武具——戦場の「装い」と「兵器」

第三章　戦場の掟――軍の「法律」と「統率」

第六章　戦いの実相——野戦・攻城戦の「凄惨」

第七章　戦後処理――「恩賞」と「制裁」の明暗

序章
戦国大名の権力構造

曖昧な「戦国」の時代区分

最初に、戦国大名やその家臣団、そして戦国時代における戦争の概要について考えてみたいと思う。

戦国時代の期間については諸説ある。一般的にいえば、応仁《おうにん》元年（一四六七）から始まる「応仁・文明《ぶんめい》の乱」を起点とし、天正《てんしょう》元年（一五七三）に織田信長《おだのぶなが》が室町幕府の十五代将軍・足利義昭《あしかがよしあき》を追放し、室町幕府が滅亡した時点を終期とする。以降は、織豊《しょくほう》時代と称される。とはいえ、この点については、ほかにも説があるのも事実だ。

始期については、明応《めいおう》二年（一四九三）に細川政元《ほそかわまさもと》が十代将軍・足利義材《よしき》（のち義稙《よしたね》）を追放した、「明応の政変」を画期とする説もある。一方で享徳《きょうとく》三年（一四五五）、鎌倉公方《かまくらくぼう》・足利成氏《しげうじ》が関東管領《かんとうかんれい》・上杉憲忠《うえすぎのりただ》を暗殺したことに端を発し、やがて関東一円を争乱に巻き込んだ「享徳の乱」を起点とする説も有力視されている。

いずれにしても、伝統的な権威である室町幕府の衰退や滅亡が基準になっているのは事実である。

戦国大名が他国に侵攻するなどし、世が麻《あさ》のごとく乱れたのが戦国時代だった。しかし、織田信長の登場以後も戦いは延々と続き、国内の統一戦は豊臣秀吉《とよとみひでよし》が天正十八年（一五九〇）に小田原北条氏《おだわらほうじょう》を滅亡に追い込み、「奥州仕置《おうしゅうしおき》」を行った後に完了したといえよう。

ただ、その後も文禄《ぶんろく》元年（一五九二）から慶長《けいちょう》三年（一五九八）にかけて二度にわたり朝鮮と戦った「文禄・慶長の役」、慶長五年（一六〇〇）における天下分け目の合戦の「関ヶ原《せきはら》の戦い」、慶長十九年（一六一四）から翌年にかけて徳川《とくがわ》・豊臣の両氏が雌雄《しゆう》を決した「大坂の陣」と戦いが続く。間隔は空くものの、大きな戦いは続いたのだ。

元和《げんな》元年（一六一五）に徳川家康《いえやす》が「元和偃武《えんぶ》」を宣言して、長い戦いの時代は終結した。「偃武」とは、中国古典の『書経《しょきょう》』周書・武成篇の中の語、「王、商自《よ》り来たり、豊に至る。乃《すなわ》ち武を偃《ふ》せて文を修む」に由来し、武器を偃せて武器庫に収めることを意味する。その後の大きな戦争といえば、寛永《かんえい》十四年（一六三七）から翌年にかけての「島原《しまばら》の乱」くらいだろう。

一般的なイメージとしては、「大坂の陣」くらいまでが戦国時代と捉えられているのではないだろうか。広い意味でいえば、それも決して間違いではないだろう。

改めて問われる戦国大名の定義

戦国大名の戦争を理解するには、戦国大名および家臣団の構造を知ることが重要である。以下、戦国大名と家臣について取り上げることにしよう。

かつて、「戦国時代に活躍した〇〇氏は戦国大名なのか？」という議論がよくなされた。しかし、戦国大名は定義が難しく、一律に〇〇氏が戦国大名であるか否《いな》かを規定するのは無理がある。そもそも「戦国大名」という言葉は、戦国時代の史料にあらわれない。戦前の研究では「分国《ぶんこく》大名」「領国《りょうごく》大名」などと呼ばれていたが、戦後になって「戦国大名」という言葉が定着したといわれている。つまり、学術上の用語なのだ。

普通、私たちは戦国大名といえば、関東に覇を唱えた北条氏や中国地方の大半を領した毛利《もうり》氏のように、複数国を支配する大名を思い浮かべる。あるいは、少なくとも一ヵ国くらいは支配していなければ、戦国大名と呼ぶに値しないと考えるだろう。つまり、数郡あるいは一郡程度しか支配していない者は、戦国大名の範疇《はんちゅう》外ということになる。

ところが、最近の研究では、「戦国大名」という概念や言葉そのものの再検討が進んでいる。たとえば、一郡程度の支配領域しか持っていなくても、自立的な権力体と認知されるようになった。彼らは「国衆《くにしゅう》」と称され、後述する〃領域支配を実現した権力〃とみなされた。つまり、支配領域の大小にかかわらず、戦国大名も国衆も同質の権力体と考えられるようになったのである。

なお、本書では混乱を避けるため、厳密な定義に拠《よ》らず、便宜的に戦国大名という言葉で統一する。

では、領域支配を実現した権力とは、どのようなものをいうのだろうか。

戦国大名や国衆は、拠点となる城を持っていた。戦国時代においては、山城《やまじろ》が一般的である。彼らは城を築く場所は、主要街道の近くや河川あるいは海上交通の便が良いところだった。彼らは城下町を形成して経済圏を確立し、検地《けんち》などにより年貢収集のシステムを構築した（検地を行わなかった大名もいる）。そして、商工業の育成や保護、寺社の所領安堵《あんど》等を行い、同時に他国からの侵攻に備えて、軍事力の強化に努めたのである。

戦国大名や国衆は裁判権を有しており、「判物《はんもつ》」を発給した。判物とは将軍・守護《しゅご》・大名の発給する文書で、上位の者より下位へ向かって発せられ、発給者が自ら花押《かおう》（サイン）を据《す》えたもののことだ。判物は訴訟の裁定、感状（戦功を賞した文書）、所領の安堵などで使用され、領域支配を実現した戦国大名も国衆も発給した。判物の発給は領域支配を実現したことの一つの目安で、戦国大名と国衆の権力のあり方が同質であるという根拠となる。

一部の戦国大名は「分国法」を制定しているが、これは領域支配を実現した権力の必須事項とは限らない。分国法としては、今川《いまがわ》氏の『今川仮名目録《かなもくろく》』、伊達《だて》氏の『塵芥集《じんかいしゅう》』、結城《ゆうき》氏の『結城氏新法度《はっと》』、武田《たけだ》氏の『甲州法度之次第』、長宗我部《ちょうそかべ》氏の『長宗我部元親《もとちか》百箇条』などがあるが、広域に領域支配を実現した毛利氏、北条氏、島津《しまづ》氏などは分国法を制定していない。彼らは個別に訴訟裁定を行い、過去の判例を基準にしていたのだ。

時代で変わる戦国大名の出自

戦国大名の出自もさまざまである。比較的多いのは室町時代の守護の出身だ。多くの戦国大名は守護権を梃子《てこ》にして支配を進めたので、もっとも近道だったといえる。薩摩《さつま》（鹿児島県）の島津氏、豊後《ぶんご》（大分県）の大友《おおとも》氏、周防《すおう》（山口県）の大内《おおうち》氏などは、その代表である。とはいえ、すべての守護が戦国大名になったわけではない。後述するように、配下にあった守護代や国人《こくじん》との抗争に敗れ、歴史の表舞台から姿を消した守護のほうが多いくらいである。守護代とは守護の代理として領国支配を行ったもので、国人は一定の領域に支配権を保持した領主である。

守護代から戦国大名になった例としては、備前《びぜん》（岡山県）の浦上《うらがみ》氏、越前《えちぜん》（福井県）の朝倉《あさくら》氏、出雲《いずも》（島根県）の尼子《あまご》氏などが知られている。彼らは主家の守護が在京している間、代官として領国内の実権を掌握し、やがて独自の大名権力を築き上げた。守護は在京して幕府に奉公するのが義務だったので、その間の領国支配を守護代に任せていた。結果的にそのことが仇《あだ》となったのである。

国人から戦国大名になった例としては、安芸《あき》（広島県）の毛利氏、備前の宇喜多《うきた》氏、近江《おうみ》（滋賀県）の浅井《あざい》氏などがいる。毛利氏の場合は地域の盟主として、ほかの国人に推戴《すいたい》されて戦国大名化を果たした。やがて、毛利氏は周辺の国人と同盟関係を構築し、安芸から備後《びんご》（広島県）そして、周防、長門《ながと》（山口県）など中国地方の他の地域に侵攻したのである。宇喜多氏の場合も権力拡大過程は酷似しており、周囲の国人と婚姻を通して同盟を築き、備前東部に権力基盤を形成した。

むろん例外も多数ある。美濃《みの》（岐阜県）の斎藤《さいとう》氏は、親子二代で美濃守護の土岐《とき》氏から権力を奪取し、やがて戦国大名への道を歩んだ。豊臣秀吉に至っては一介の百姓に過ぎなかったが、織田信長に登用されて家臣となり、最後は天下人になった。近世大名になった蜂須賀《はちすか》氏、前田《まえだ》氏などもともとは一土豪に過ぎず、織豊期は身分の低い人々が台頭することが決して珍しくなかった。戦国時代は室町幕府や守護などの伝統的権威が凋落《ちょうらく》し、新勢力が台頭する一大転換の時代だったのである。

単なる主従ではなかった大名と家臣の関係

次に、戦国大名を支えた家臣について考えてみよう。

一口に家臣といっても、さまざまな形態があった。大名家に長く仕えた譜代《ふだい》の純粋な家臣もいたが、先述した国衆レベルで大名に従う家臣も存在した。前者は「家中型家臣」といわれ、後者は「国衆型家臣」と称されている。一般的に「家中型家臣」は奉行人《ぶぎょうにん》として実務的な官僚の役を務め、戦国大名を支えた。

一方の「国衆型家臣」は一定領域の支配を任されるなど、自立性の高い家臣だった。「国衆型家臣」は判物を発給して自身の領域支配をしつつ、戦国大名の指示によって合戦に出陣するなど、緩やかな関係で支配下にあった。「国衆型家臣」は自立性が高いがゆえに、戦国大名によるコントロールが困難だった。毛利氏でさえも彼らの統制に成功したのは、慶長五年(一六〇〇)の「関ヶ原の戦い」以降であるといわれている。それは、薩摩の島津氏も似たような状況だった。

室町時代末期から戦国時代にかけて惣領制《そうりょう》が崩壊し、やがて単独相続制が普通に行われるようになった。惣領制とは平安・鎌倉時代の武家社会において、惣領(嫡子《ちゃくし》)が庶子を統制・支配した武士団の結合形態のことである。一般的に武家社会では分割相続により、惣領および庶子とも家子《いえのこ》・郎党《ろうとう》を抱えて所領経営を行った。惣領の統制下から独立する庶子も存在したが、惣領家は一族に対して優越した地位を保っていたのだ。

平安時代末期以降、内乱の時代に突入すると、惣領を中心として一族の結合が強化された。鎌倉時代以降になると、幕府は惣領制を御家人《ごけにん》制度に取り込み、惣領を通じて一族・庶子を支配する体制を法制化した。こうして惣領は一族を率いて戦争に出陣し、幕府役は惣領を通じて務めるようになり、幕府の安堵も惣領に対して行った。鎌倉時代後期になると、社会の変化に伴って惣領制は衰退し、庶子の独立化、分割相続による所領の細分化が進行した。南北朝時代以降、長子単独相続が増加し、やがて惣領制は解体したのである。

　こうした経緯から生まれた寄親寄子《よりおやよりこ》制は、庶子と私的な関係で結ばれた擬制的な主従関係のことを意味する。戦国時代になると、戦国大名は土豪や地侍まで寄子の対象を拡大し、家臣団へ取り込んだ。それは、単に合戦への従軍を求めるだけにとどまらず、寄親が寄子に所領や扶《ふ》持《ち》を与えるまでになった。主従関係は家臣が当主に奉公し、当主は奉公に励む家臣に恩賞を与えることで成立したのである。

　家臣の役割はさまざまである。「宿老《しゅくろう》」は家中の意思決定に関わる重臣で、当主を支える存在だった（宿老については後述）。検地や訴訟などの実務は、実務に長《た》けた奉行人が担った。「右筆《ゆうひつ》」は当主の代わりに文書を書き、大名家の文書や記録を管理した。大名は多忙であるため自筆で書状を書くことは少なく、多くは右筆が代筆したのである。

　戦争が勃発《ぼっぱつ》すると、軍事に才覚のある者が「軍目付《いくさめつけ》」に任命され、戦争の遂行に辣腕《らつわん》を振るった。諸大名との交渉は、「取次《とりつぎ》」と呼ばれる交渉人が当主の代わりに行った。和睦《わぼく》の交渉は、その好例といえるだろう。このように大名家の内部にはさまざまな役割があり、家臣は分担をして領国経営を行い、大名家の実務を取り仕切ったのである。

　家臣の概要や役割について述べたが、大名家中における家臣の分類を考えてみよう。

惣領家がもっとも頼りにしたのは、血縁関係のある「一門衆」（一族衆とも）だった。一門衆とは、惣領家の一族・庶子で家臣になった者だ。血縁関係がもっとも近いため、先に触れた、「宿老」と称される重臣に登用された。家中で物事を決定するとき、重臣層である一門衆の発言権は大きく、惣領であっても決して無視できない存在だった。

「宿老」とは経験を積んだ年老いた人のことで、宿徳老成《しゅくとくろうせい》の人のことを意味した。もともとは鎌倉幕府の評定衆《ひょうじょうしゅう》・引付衆《ひきつけしゅう》、室町幕府の評定衆を指しており、戦国大名のもとでは重臣を意味するようになった。宿老は大名の家中で大きな発言権を持ち、一門衆や譜代衆から選ばれることが多かった。

「譜代衆」（古参衆）は古くから当主に家臣として仕えた家柄で、一般的に当主と血縁関係のない家臣である。主に検地、裁判などの実務的な面で大名を支えたが、なかには一門衆を凌《しの》ぐような勢力を持つ者もあらわれるようになった。一門衆と譜代衆は、家臣のなかでも家格が高かったといえる。

一方、「外様《とざま》衆」はもともと仕えていた主君の滅亡、もしくは何らかの事情で主家を離れ、途中から加わった家臣のことだ。外様衆とは、譜代衆（古参衆）に対する新参衆を意味する。大名は領土の拡大とともに家臣を登用する必要があったので、外様を新たに家臣に加える必要が生じた。たとえば、毛利氏の家臣団には、滅亡した尼子氏、大内氏の旧臣が新たに加わっていた。しかし、外様衆が当主から重職に登用されると、譜代衆が反発することもあり、家中騒動に発展することがあった。

以上の分類はごく一般的なもので、後述する伊達氏や上杉氏は、独自の家臣団編成を行ったことで知られる。

このように大名は家臣団を編成し、彼らの意見を聞きながら、さまざまな意思決定を行った。しかし、大名が絶対的な専制的権力を持ち、自分で好き勝手に物事を決めたわけではない。家臣たちの意見は重要で、決して無視できなかった。特に、ほかの大名の領国に攻め込んだり、和睦を結んだりするような重要事項を決定する際は、家臣の意向を無視できなかった。場合によっては大名自身が家臣から見放されて謀反《むほん》が起きるなど、滅亡の危機に瀕《ひん》することになったのだ。

天正六年（一五七八）、播磨三木城《はりまみき》（兵庫県三木市）の別所長治《べっしょながはる》は、織田信長に与《くみ》するか足利義昭・毛利輝元《てるもと》連合軍に与するか、決断を迫られた。軍議を催した結果、長治は多くの家臣の賛意を得て、足利義昭・毛利輝元連合軍に身を投じたといわれている。

家督の継承も同様で、現当主が自由に決められたわけではなく、家臣の同意が必要だった。仮に現当主が家督継承者を強引に決めようとした場合、家臣が別の家督継承者の候補を立て争うこともあった。原則として、家督は当主の嫡男《ちゃくなん》が継ぐが、身体的に家督の重責を担えない場合、無能であったり人格に問題がある場合は、継げないことも珍しくなかった。

大永《だいえい》三年（一五二三）、毛利元就《もとなり》は当主を務める兄・興元《おきもと》の子・幸松丸《こうまつまる》が夭折《ようせつ》したので、毛利家の家督を継承した。しかし、毛利家中には尼子氏から後継者を招こうとした家臣、あるいは元就の弟・相合元綱《あいおうもとつな》を擁立《ようりつ》しようとする家臣もいた。元就は政敵となった元綱を退け、自らが毛利家の当主になることを家臣に認めさせ、家臣もそれを受け入れた。

戦国大名のなかには、生きている間に子に家督を譲ることを家臣に承認させ、自身は後見人の立場で子を支える者もあった。天正十七年（一五八九）、黒田孝高《くろだよしたか》（官兵衛《かんべえ》）は子の長政《ながまさ》に家督を譲ったが、決して引退したわけではなかった。天正四年（一五七六）に大友宗麟《そうりん》も子の義統《よしむね》（吉統）に家督を譲ったが、やはり引退したわけではない。ともに後見として存在感を示し、円滑に家督継承を進める意図があったのだ。

つまり、戦国大名と家臣とは双務関係にあり、御恩と奉公を媒介にした主従関係によって結ばれていた。したがって、家臣が主君たる戦国大名にメリットを見出《みいだ》せなければ、裏切ることもあった。天正十年（一五八二）三月、甲斐《かい》の武田氏は天目山《てんもくざん》（山梨県甲州市）で滅亡したが、それは死に体になった当主・勝頼《かつより》を家臣が見放した影響も大きい。家臣は主君に対して忠誠を誓うイメージが強いかもしれないが、当時の人々は意外と打算的だった点に注意したい。

政宗が整えた伊達家臣団のユニークな構造

独自な編成を持つ戦国大名と家臣団の構造として、伊達氏と上杉氏の例を挙げておこう。まずは伊達氏の例である。

伊達政宗の家臣団の骨格は、父祖代々の頃から形成されていた。政宗は家臣団を編成、強化する過程において、一家、一族、外様といった従来の家格に加え、一家の上に一門、一家と一族の間に準一家を定めている。これが伊達家臣団の特徴でもある。

かつて伊達成実《しげざね》（伊達政宗の重臣）は家格の高い親類衆とされ、留守《るす》氏、石川《いしかわ》氏は厳密にいえば家臣ではなかった。慶長年間以降、政宗は石川、伊達、留守、亘理《わたり》、岩城《いわき》の諸氏を一門の家格に位置付けた。こうして有力な親族や重臣層との主従関係を一門という家格であらわすことにより、政宗の権力が確立した。彼らは、のちに伊達の姓を授けられた。

一門に続くのが一家であり、石母田《いしもだ》、大條《おおえだ》、梁川《やながわ》、黒川《くろかわ》など、伊達氏の譜代の家臣または遠い縁戚関係にある者で構成された。実際には、一家以下が家臣団の中核として伊達家を支えたのである。

準一家は独立した領主層、あるいは蘆名《あしな》氏の旧臣・猪苗代《いなわしろ》氏など政宗の代に仕えた家臣である。保土原《ほどはら》氏（二階堂《にかいどう》氏旧臣）や上遠野《かどの》氏（岩城氏旧臣）は、争乱のなかで政宗に内応した面々であった。一族は伊達氏の家臣や早い段階で政宗に従った者であり、続いて宿老、着座、太刀《たち》上《がみ》、召出《めしいだし》という家格が続いたのである。

一門たちは役職に就くことはなかったが、一家以下は家老職や奉行職などの藩政の要職に就き、伊達氏の支配を支えた。彼らは仙台城（宮城県仙台市）の城下に屋敷を構え、領内の各所に配置された。それらは城、要害、所、在所に区分され、その制度がのちの仙台藩四十八館体制へとつながっていく。仙台藩四十八館体制とは、仙台城を本城として四十八の城などを設け、重臣らを配置した支配体制である。

政宗家臣団を下支えしたのは、本来は低い身分でありながらも登用された武士たちだった。その多くは養子や次男などで、父の死により幼い頃に政宗に仕えた者も存在した。彼らは政宗に見出され奉行職などに就くが、家格は着座などの低い身分に過ぎない。しかし、実権を掌握した彼らの力は、決して上位の家格に劣らなかった。まさしく政宗の生え抜き、あるいは子飼いというべき存在だったのである。

政宗家臣団の構成は実に多彩であり、父祖代々のベテラン家臣から、政宗の代に仕えた新参に至るまで高い能力を保持していたのだ。

主君との同盟的性格が強かった上杉家臣団

上杉家の家臣団（謙信《けんしん》期）については、家格などを整理した史料がいくつか残っている。「侍衆御太刀之次第」という史料が、その一つである（「上杉家文書《もんじょ》」）。この史料は、謙信が二度目の上洛《じょうらく》を果たした永禄《えいろく》二年（一五五九）の秋、帰国した謙信に対して、家臣団が祝賀として太刀を贈った際の目録である。

家臣は、一族・庶子の「直太刀衆《じきだち》」（四名）、中核家臣団の「披露太刀衆」（五十一名）、譜代年寄側近衆の「馬廻《うままわり》年寄分衆」（九名）で構成されている（ほかに「信濃《しなの》大名衆」「関東衆」）。うち「披露太刀衆」は、上・中越《じょうちゅうえつ》そして下越《かえつ》の地域に分かれる。しかし、この史料は上杉家家臣団すべてを網羅したものではなく、重要な家臣の名前が洩《も》れている点に注意すべきである。

次に、天正二年（一五七四）二月には、「御軍役帳」が作成された。これは謙信が越中《えっちゅう》（富山県）侵攻を控えて作成したもので、軍役《ぐんやく》（軍事上の役務）の負担を明示しているほか、家臣団の序列を反映したものである。この史料は「侍衆御太刀之次第」を発展させたもので、家臣の区分も「一門衆」、「国衆（上・中郡）」、「国衆（下郡）」、「旗本衆」の合計四十一名に整理されている。やはり上杉家の家臣をすべて網羅したとはいえず、たとえば「一門衆」には謙信の養子であった上杉景虎《かげとら》（北条氏康の子）の名前が書かれていない。

景虎の名前がない点については、すでに景虎が謙信の後継者と目されていたので、家臣ではなく、むしろ軍役を課す側にあったからだという指摘もある。しかし一方で、天正三年（一五七五）正月、景虎の義兄弟で家督をめぐって争っていた上杉景勝《かげかつ》（長尾政景の子）が春日山《かすがやま》城（新潟県上越市）の中城を守備しており、謙信の後継者候補になったという説もあるので、検討が必要であろう。

「御軍役帳」では右に示した序列の区分がなされているが、それぞれの序列の明確な基準を見出すことが困難である。たとえば、旗本の大半は長尾《ながお》為景《ためかげ》（謙信の父）以来の譜代の宿老であるが、吉江《よしえ》資堅《すけかた》は他国（近江出身）から召し抱えられた新参衆である。なお、「御軍役帳」に名前がある面々は大将格の寄親であり、配下には中小領主層が寄子・同心として編成されていた。

残念なことに、謙信時代における行政組織を明確に示す史料はない。謙信の執政を支えていたのは、重臣の大熊朝秀《おおくまともひで》、本庄実乃《ほんじょうさねより》、直江景綱《なおえかげつな》である。この三名に加え、庄田定賢《しょうださだかた》、山吉政応《やまよしまさふさ》が実務を担っていた。

以降、直江氏だけが中枢部分に残留し、新参の奉行人として長尾一族の長尾藤景《ふじかげ》・景憲《かげのり》、譜代の斎藤朝信《とものぶ》、北条高広《きたじょうたかひろ》、姉崎景家《あねざきかげいえ》、松本景繁《まつもとかげしげ》が登用された。永禄四年（一五六一）に謙信が関東に出陣すると、北条氏や松本氏が城代として赴任し、河田長親《かわだながちか》らが新たに実務を担当する。こうして謙信が外征を行うたびに有力家臣が国外に転出したため、新たな人材が登用されるようになったのだ。

では、謙信の家臣団の特徴は、いかなるところにあるのだろうか。

謙信の家中では、上杉氏の一族やその被官（武家の家臣）、そして長尾氏の影響力が色濃く残っていた。謙信と家臣団である国衆との関係は、謙信が国衆を制圧して完全な配下に収めるのではなく、むしろ自立性の高い国衆との同盟的な関係であったという。つまり、当主である謙信を頂点とした、絶対的な権力を構築していなかったといえよう。さらに、地侍を完全に掌握できていなかったとも指摘されている。

宿老や奉行層など支配の中核の面々については、直江景綱を除き定着することがなかった。この点も、謙信が強固な家臣団編成をできなかった要因の一つである。また、国外への出兵に伴い、占領地を支配する際には、譜代の家臣が城代を担当した。これにより新たに家臣を登用し、国内支配を任せる必要が生じたため、越後《えちご》（新潟県）本国の統治システムが十分に機能しなかったと考えられる。

そして、譜代の家臣に新参の家臣を加えることは、新たな対立要因を生み出す火種となった。謙信が没した天正六年（一五七八）、養子の景勝と景虎が争うことになるが（「御館《おたて》の乱」）、そこにも家臣団編成の脆弱《ぜいじゃく》さの影響が認められるのだ。

このように見ると、「越後の虎」と恐れられた謙信の家臣団は、決して盤石《ばんじゃく》な体制であったとはいえなかったようだ。謙信の例に限らず、家臣を完全なコントロール下に置くのは困難で、実際には緩やかな関係で配下に収まっていたというのが実情だろう。

「幕府」対「守護」の構図だった室町期の戦争

戦国大名がなぜ戦ったのかを考える前に、室町期の戦争を考えてみよう。室町期の戦争と戦国時代の戦争は、やや異質である。ここで取り上げる室町期の戦争は、おおむね十四世紀後半から十五世紀半ばのものである。

明徳《めいとく》二年（一三九一）十二月に起こったのが「明徳の乱」である。当時、室町幕府三代将軍・足利義満《よしみつ》は、十一ヵ国の守護を兼ねていた山名《やまな》氏の威勢を削《そ》ぐため、山名氏一族の内訌《ないこう》に乗じて、十一ヵ国のうち四ヵ国の守護を務めていた山名満幸《みつゆき》を丹波《たんば》に追放した。ところが、満幸は妻の父で同じく四ヵ国の守護・山名氏清《うじきよ》と結んで挙兵すると、氏清が和泉《いずみ》（大阪府）から京都に攻め上った。これに対し義満は細川・畠山《はたけやま》・大内氏らの軍勢を動員して応戦、満幸は伯耆《ほうき》（鳥取県）に逃れ、氏清は戦死して反乱は鎮圧された。結果、山名氏の守護職の一部は、鎮圧に貢献した大内氏らに分与された。

義満は応永《おうえい》六年（一三九九）の「応永の乱」でも、複数国の守護を兼ねる大内義弘《よしひろ》を討伐《とうばつ》した。この戦争も「明徳の乱」と同じく、複数国の守護を兼ね脅威となった大内氏の威勢を削ぐために行ったものである。この戦いでも幕府は勝利し、大内氏の守護職の一部を取り上げることに成功した。

嘉吉《かきつ》元年（一四四一）の「嘉吉の乱」も同じ構図である。ここに至るまで、室町幕府六代将軍・足利義教《よしのり》は一色義貫《いっしきよしつら》、土岐持頼《もちより》を暗殺、あるいは自害に追い込むなどし、反抗的な守護を排除していた。播磨（兵庫県）守護の赤松満祐《あかまつみつすけ》も、やがて義教に討《う》たれるとの風聞が流れた。そこで、満祐は先手を打って義教を自邸に招き殺害し、播磨に帰還した。しかし、満祐は派遣された幕府軍に敗れ、戦死したのである。満祐の死後、赤松氏の守護職は山名氏に分与された。

つまり、室町期の戦争は、幕府が守護を抑制しようとし、それに対して守護が戦いを挑むという図式が多かったといえる。当時、守護職は幕府から与えられるものだったので、他国に侵攻して領土を奪い取るという発想はなかったのだろう。したがって、室町期の戦争は他国に攻め込んで積極的に戦いを挑み、新たに領土を獲得するというよりも、幕府と守護の対立から生じた戦争という要素が濃かったように思える。

十五世紀半ば頃から、幕府が守護の家督継承に介入するようになったので、守護家内での紛争が著《いちじる》しく増加する。たとえば、畠山氏、斯波《しば》氏といった管領、加賀《かが》（石川県）守護の富樫《とがし》氏などは、その代表だろう。管領なり守護なりになろうとすれば、家督を継承する必要があったので、兄弟や一族が互いに家督を争い、管領あるいは守護になる権利を獲得するよりほかはなかったのだ。家督継承の争いは、応仁元年（一四六七）に始まる「応仁・文明の乱」の原因の一つになった。

下克上の世到来、戦乱の時代へ

室町期の戦争は、幕府対守護の戦争、家督を争う一族内の戦争が主であったが、やがてその性格は徐々に変化をしていく。

文明十五年（一四八三）十二月、但馬《たじま》（兵庫県）守護の山名政豊《まさとよ》は、突如として播磨国に攻め込んだ。これにより、播磨守護の赤松政則《まさのり》は逃亡して失脚。播磨は、山名氏の支配下に収まった。なぜ、山名氏は播磨に侵攻したのだろうか。播磨制圧後、山名氏は配下の者に対して播磨国内に所領を与えたので、領土の拡大を志向したと考えられる。山名氏の目的は所領を与えることにより、配下の者から支持を得るためだったのかもしれない。

政則が逃亡したので、赤松氏の家中では代わりに一族の有馬《ありま》氏から澄則《すみのり》を選び、赤松家の家督に擁立したが、これは幕府から無効とされた。一方の山名氏は、播磨に支配を展開したものの、幕府から播磨守護に任命されていない。つまり、幕府から守護に任命された者が当該国を支配するこれまでのシステムが崩れたのである。

山名氏は播磨を奪還したものの、その支配は長くは続かなかった。赤松氏家中は結束して政則を再び家督に戴《いただ》き、山名氏との戦いに挑んだ。赤松氏と山名氏は五年にわたる戦いを展開し、長享《ちょうきょう》二年（一四八八）七月に山名氏が但馬に撤退し、戦いは幕を閉じた。その結果、政豊は家臣からの支持を失い、子の俊豊《としとよ》が擁立されるありさまだった。山名氏の例に見るように、他国への侵攻はなかなかうまくいかなかったのだ。

これには兵站《へいたん》（食糧や武器の調達）の問題もあり、長く敵国に駐留するのが困難だったからだと考えられる。仮に一時的に占領しても、在地の土豪や百姓らの支持が得られなかったりするなどの事情もあっただろう。当時の将兵は職業軍人ではなかったので、戦争へのモチベーションを維持するのも大変だった。

出雲の尼子経久《つねひさ》は、天文《てんぶん》七年（一五三八）以降から播磨などの諸国へ侵攻を開始した。経久は上洛を志向したといわれているが、それは実現していない。経久が天文十年（一五四一）に没すると、孫の詮久（のち晴久）が戦いを継続したものの、やはり長期にわたる他国の支配は困難だった。結局、尼子氏は各国で一進一退の攻防を繰り広げたが、侵攻しては撤退するの繰り返しだった。

天文二十一年（一五五二）、晴久は幕府から八ヵ国（出雲・隠岐《おき》・伯耆・因幡《いなば》・美作《みまさか》・備前・備《びっ》中《ちゅう》・備後）の守護に任命されたが、これは八ヵ国の実効支配を伴ったものではなかった。つまり、守護に任命されるのは形式的なもので、幕府が当該国の支配を保証したものではなかったのである。敵国に侵攻して国を分捕るには守護職だけでは不十分で、相手を殲滅《せんめつ》するか家臣化するなどし、実効支配を展開するしかなかったのだ。

このように各地で守護などが他国に侵攻する動きが出てくると同時に、当主対家臣という構図が出現してくる。いわゆる「下克上《げこくじょう》」である。

その典型例が、伊豆《いず》（静岡県）の伊勢《いせ》宗瑞《そうずい》（北条早雲《ほうじょうそううん》）である。かつて宗瑞は出自が不明とされ、一介の素浪人《すろうにん》などといわれたこともあった。しかし、現在では、備中国（岡山県）に住した伊勢氏（室町幕府の申次衆《もうしつぎしゅう》）の出身であることが明らかにされた。宗瑞は駿河《するが》（静岡県）に下向すると、明応二年（一四九三）に堀越公方《ほりこしくぼう》（室町幕府の東国支配機関）の足利政知《まさとも》の子・茶々丸《ちゃちゃまる》を襲撃し、伊豆を支配下に収めた。その後、茶々丸は伊豆を追放された。こうして宗瑞は、北条氏発展の礎《いしずえ》を築いた。

宗瑞は伝統的権威である堀越公方を追放することにより、伊豆一国を掌握した。さらに北条氏は子々孫々にわたって周辺諸国の大名に戦いを挑み、のちに関八州《かんはっしゅう》を領する大大名へと成長したのである。

美濃斎藤氏の例も参考になろう。天文十一年（一五四二）、道三《どうさん》は主君である土岐頼芸《よりあき》（名前の読みは「よりなり」「よりのり」とも）の居城・大桑城《おおがじょう》（岐阜県山県市《やまがたし》）を攻撃して勝利。頼芸とその子・頼次《よりつぐ》を尾張《おわり》（愛知県）に追放した。これまで、道三は一代で下克上を成し遂げたといわれてきたが、実際には親子二代で成し遂げたのが事実であり、従来の説が誤りであることが明らかにされた。こうして道三は美濃一国を掌中に収めたが、その後は悲劇に見舞われた。

天文二十三年（一五五四）、道三は子の義龍《よしたつ》に家督を譲った。この家督交代劇は道三の意思によるものではなく、斎藤家中の総意によるものだったといわれている。つまり、斎藤家の家臣は道三に器量がないとみなして引退を迫り、代わりに子の義龍を擁立したのだ。その後、道三と義龍の間は不和になり、弘治《こうじ》二年（一五五六）に両者は交戦。道三は無残に敗北を喫し、戦死したのである。

下克上の例は枚挙にいとまがないが、おおむねは主君の器量が不足しているなど、大義名分の立つ理由により、配下の者がのし上がったものである。その際、主君を殺害もしくは国外に追放することでその影響力を断《た》った。従前の他国への侵攻では兵站などの問題もあり、最終的に敵の主君を討ったり、国外に追い出したりできないなど、詰めの甘い部分があった。多くの下克上は短期決戦であり、主君の討伐や追放を実現したがゆえに、その後も安定した支配が続けられたといえよう。

「生きるか死ぬか?」——殲滅戦と敗将の家臣化

下克上の例でも取り上げたが、やがて戦国大名の戦いは殲滅戦の様相を帯びるようになった。それに伴い、敗北した大名家の家臣化が進められることとなる。

天文二十年(一五五一)九月、周防などの戦国大名・大内義隆《よしたか》は家臣の陶晴賢《すえはるかた》によって、大《たい》寧寺《ねいじ》(山口県長門市)で自害に追い込まれた。これも下克上であり、義隆が家臣からの求心性を失い、晴賢の台頭を許したのが要因だった。その後も義隆の養子・義長《よしなが》(大友義鑑の子)が生き残ったものの、義隆の死によって大内氏は事実上の滅亡となった。

これで晴賢も安泰かと思われたが、決してそうではなかった。天文二十四年(一五五五)、晴賢は安芸厳島《いつくしま》(広島県廿日市市《はつかいち》)で毛利元就と戦って敗戦し、自害に追い込まれた。これにより元就は、晴賢が支配していた大内氏の旧領を併呑《へいどん》し、中国地方に覇を唱えた。さらに永禄九年(一五六六)、元就は月山富田城《がっさんとだ》(島根県安来市《やすぎ》)の尼子氏を攻撃し降伏に追い込んだ。城主の尼子義久《よしひさ》は安芸に連行され、尼子氏は事実上滅亡した。

現在の島根県、広島県、山口県を支配下に収めた毛利氏は、広域支配を実現するために多くの有能な家臣を必要とした。毛利氏は大内氏や尼子氏との交戦の段階から、すでに彼らの家臣を味方に引き入れていた。たとえ降参後であっても、自害を求めず許した。こうして敵の家臣を毛利家の家臣として迎え入れ、それぞれに支配を任せたのである。

滅亡した大名家の家臣を迎えることは、有能な家臣を配下に収めるだけではなかった。すでに国内の事情を知っている者に実務を委ねることになるので、他国の支配を進めやすくするうえで効率的だった。また、大内氏の家臣は非常に有能であり、毛利氏は訴訟裁定のシステム、文書管理などの多くを学んだ。戦国大名が領土を拡大する際には、敵を生かす方法を常に考えていたのである。

そうした例は、ほかにもある。備前などの戦国大名・宇喜多直家《なおいえ》は、浦上宗景《むねかげ》と争っていた。天正三年（一五七五）、直家は天神山《てんじんやま》城（岡山県和気《わけ》町）の戦いで勝利すると、城主の宗景を放逐。浦上家の家臣の一部は、宇喜多家の家臣になった。浦上氏の支配領域を併合したのだから、その旧臣を迎え入れたことは、きわめて合理的だったといえる。

もっとも有名なのは、徳川家康の例だろう。天正十年（一五八二）三月、先述のとおり、武田氏は甲斐天目山で滅亡した。その際、武田家中から多数の牢人《ろうにん》が出た。徳川家康は武田氏旧臣のうち、「赤備《あかぞな》え」と称された勇猛果敢な部隊を家臣の井伊直政《いいなおまさ》に預けた。これはのちに、「井伊の赤備え」と恐れられることとなる。むろん、ほかの武田氏旧臣も家康の家臣として家中に迎えられた。

　このように戦国大名は侵攻した国の支配を念頭に置き、戦後をにらんで敵の家臣を積極的に採用したのである。

戦争を避ける〝知恵〟――同盟関係と和睦

　もう一つ触れて置かなくてはならないのは、戦国大名は決してやみくもに戦っていたわけではなかったことである。戦いを有利に運ぶために、敵以外の戦国大名と同盟を築いたり、敵との戦いで不利になった場合は和睦を結んだりした。

　戦争が起こる要因としては、国境紛争がある。戦国大名の戦いの多くは、国境付近で行われることが多い。

　永禄三年（一五六〇）の「桶狭間《おけはざま》の戦い」の舞台は、現在の愛知県名古屋市緑区と同豊明《とよあけ》市にまたがる地域で、ちょうど尾張と三河《みかわ》の国境付近である。それは、織田氏領国と今川氏領国の国境《くにざかい》でもあった。天正十年（一五八二）に羽柴《はしば》（豊臣）秀吉が清水宗治《しみずむねはる》が籠《こも》る備中高松《たかまつ》城（岡山市北区）を水攻めにしたが、同城の位置は備中と備後の国境である。それは宇喜多氏領国と毛利氏領国の国境でもあった。

　慶長五年（一六〇〇）の「関ヶ原の戦い」が行われた現在の岐阜県関ケ原町は、美濃と近江の国境付近である。同時に、東国と西国との分かれ目でもあった。近江の東端にある佐和山《さわやま》城

（滋賀県彦根市）は西軍の首謀者・石田三成《いしだみつなり》の居城だったので、関ヶ原の位置は東西両軍にとっての国境とみなすことができる。

戦いが主に国境をめぐるものであるならば、国境を越える前に敵軍の侵攻を食い止める必要がある。しかし、それは決して戦いだけに拠るべきものではなく、同盟や和睦により解決する方法もあった。

同盟にはさまざまなパターンがある。敵が自国に攻めてこないように同盟を結び、ほかの大名の領国に攻め込むというのも一つである。同盟相手が自国に攻めてこないので、安心して他国に攻め込めたのである。甲駿相《こうすんそう》三国同盟も、その一つである。

甲駿相三国同盟とは、甲斐（山梨県）の武田信玄《しんげん》、駿河（静岡県）の今川義元《よしもと》、相模《さがみ》（神奈川県）の北条氏康《うじやす》の三者が締結した同盟である。それは婚姻関係に基づくもので、互いの領土不可侵を誓約したものだった。これにより、三家の大名は安心して他国に攻め込むことができた。同盟は天文二十一年（一五五二）から天文二十三年（一五五四）にかけて、段階的に婚姻関係を通して結ばれた。しかし、この同盟は永禄三年（一五六〇）の「桶狭間の戦い」で今川義元が敗死し、今川氏が弱体化したことにより、徐々に綻《ほころ》びを見せていったのである。

豊後の戦国大名・大友宗麟は、九州北部の支配をめぐって、毛利元就と攻防を繰り広げていた。そこで、宗麟は元就と敵対する備前の浦上宗景と同盟を結び、対抗しようとした。これを「遠交近攻《えんこうきんこう》」（遠い国と親交を結び。近い国を攻めること）という。宗麟と宗景が同盟を締結したことにより、元就の背後は常に危険にさらされたので、容易に他国に攻め込むことができなかったのである。

同盟締結と似たものに和睦の締結がある。こちらは戦いの開始後、互いに戦闘継続のメリットが見出せないので結ぶものだ。和睦といっても、実態はさまざまである。勝利目前の戦国大名は、敗北寸前の戦国大名に一定の条件を付けた和睦を提案するが、それは実質的な降伏勧告に近い。逆に、敗北寸前の戦国大名が将兵の助命を条件として、和睦を持ち出すケースもある。

このように戦国大名は戦って、相手を滅亡に追い込むだけでなく、さまざまな手を用いて戦争を回避することもあった。

「天下統一の戦争」の時代へ

天正元年（一五七三）、織田信長が足利義昭を追放すると、義昭による信長包囲網が形成された。義昭とともに信長に戦いを挑んだのは、主に毛利輝元、大坂本願寺《ほんがんじ》で、ほかに荒木村重《あらきむらしげ》、波多野秀治《はたのひではる》、別所長治ら畿内および周辺諸国の大名も同調した。遠隔地では上杉氏、武田氏も義昭の檄《げき》に応じて、信長と戦うことを決意した。ちなみに、信長にとっての天下は日本全国ではなく、天皇を擁する将軍が管轄する京都とその周辺地域の畿内（大和《やまと》、山城《やましろ》、河内《かわち》、和泉、摂津《せっつ》）を意味したことに注意しておきたい。

しかし、天は信長に味方する。最大の脅威だった武田信玄は、義昭追放に先立つ元亀《げんき》四年（一五七三）に死去。その後、天正六年（一五七八）に上杉謙信もこの世を去った。信長は畿内および周辺の信長包囲網との戦いに苦慮するが、やがて形勢は逆転。先述した諸大名は、次々と降参するか滅ぼされることとなったが、以後も信長に敵対する勢力は残っていたので、戦いは延々と続いた。信長は相手が素直に従属すれば許したが、降参して配下に加わらなければ徹底して殲滅した。

天正十年（一五八二）六月に信長が本能寺《ほんのうじ》で明智《あけち》光秀《みつひで》に討たれると、羽柴（豊臣）秀吉が台頭した。秀吉は関白《かんぱく》・太政大臣に就任すると、文字通りの天下統一に乗り出した。秀吉は四国征伐《せいばつ》、九州征伐、小田原征伐、奥州仕置を終えると、最後は朝鮮に攻め込んだ。秀吉も信長と同じく、戦国大名に絶対服従を求め、拒否すれば殲滅した。おおむね天正末年頃から、天下は日本全国の意味を持つようになったという。

慶長三年（一五九八）八月に秀吉が病死すると、徳川家康が台頭する。家康は慶長五年（一六〇〇）九月の「関ヶ原の戦い」で西軍を打ち破り、天下人の道を歩んだ。豊臣政権こそ温存したが、時間をかけて諸大名を配下に収めた。慶長八年（一六〇三）に家康が征夷大将軍《せいいたいしょうぐん》に就任したことで、両者の力関係は逆転する。慶長十九年（一六一四）から翌年にかけての「大坂の陣」において、豊臣家は滅亡。以後、徳川家が二百六十余年にわたり、太平の世を築いた。

これまでの戦国大名は、近隣諸国との領土画定をめぐって争ったが、尼子氏らのように自ら他国へ攻め込んでも、永続的に支配することは困難だった。信長は有力な家臣で方面軍を編制して各地に攻め込ませ、敵対する大名を滅亡に追い込むと、彼らにその国の支配を任せることが多かった。戦いはより洗練され、その後の支配も視野に入れていたのだ。

秀吉の場合も手法が酷似している。つまり、配下の者に敵国を与えることを前提にして、攻め込ませたのである。信長が日本全国を支配する意欲があったか否か不明であるが、秀吉にはあったといってもよいだろう。織豊時代は大名が土地から切り離され、縁もゆかりもない場所に所領を与えられた。いわゆる「鉢植《はちう》え大名」であり、秀吉は新しい領土に配下の者を配置したのだ。

秀吉の時代以降、領土画定や領土拡大という目的だけにとどまらず、日本全国を統一しようという気運が盛り上がってくるのである。

＊

本章では戦国大名やその家臣、そして戦争の傾向について触れてきた。むろん、取り上げたのはあくまで特徴的なものであり、すべての戦国大名や家臣、戦争がこのような公式に当てはまるとは必ずしもいえない。しかしながら、戦争の類型化を試みることは、決して無駄なことではないだろう。

一般の方が知る戦争についての話の多くは、有名な戦国大名の勇猛果敢な戦いぶり、あるいはユニークな逸話、エピソードの類であろう。しかし、一次史料を眺めていると、戦争の実態は決して華々しいものばかりではないとわかる。将兵をどうやって動員したのか、兵糧《ひょうろう》はどうやって調達したのか、など素朴な疑問は次々と思い浮かんでくる。

以下、本書では個別の戦争の流れを追うのではなく、具体的に戦争がどのようにして行われたのかをさまざまな視点から読み解いていく。

第一章

将兵の動員
——戦いの「経済的負担」

兵農分離で"職業軍人"は生まれたのか?

現代においては、世界中の多くの国が軍隊を置いている。日本にも自衛隊がある。国家は軍隊を持ち、職業軍人は国家から給与を支給され、戦争に備えて日頃から軍事訓練を行う。現代の軍人は給与を得て、軍事トレーニングを受けた専門家集団なのである。日本では、戦国時代には職業軍人たる武士が出現し、「兵農分離」が実現したとされるが、厳密には必ずしもそうとはいえない側面がある。

「兵農分離」とは武士の在地性を否定し、城下に集住させることで、武士と土地との関係を切り離した政策である。中世を通じて、兵と農との身分は明確に分かれていなかった。多くの武士たちは村落に住み、自身も直接農作業に従事し、戦争が起こると出陣していたのが実情だった。つまり、「兵農未分離」というのが実態で、近世の典型例のように家臣らが城下に集住し、百姓身分と切り離されていたとはいい難いのである。

とはいえ、やがて兵農分離が実現することになったのは事実である。天正《てんしょう》十年（一五八二）六月の「本能寺《ほんのうじ》の変」後、羽柴《はしば》（豊臣《とよとみ》）秀吉《ひでよし》が織田《おだ》信長《のぶなが》の後継者になって以降、まず着手したのが「太閤検地《たいこうけんち》」だった。そもそも検地とは、農民支配と年貢の徴収を目的に実施される土地の測量のことで、北条《ほうじょう》氏などの戦国大名も行っていた。秀吉の場合は、それを全国レベルで実行したのだ。

太閤検地では、①兵と農を分離し、兵は農業に従事しない、②武士（兵）は村落から離れ、城下に集住する、という先述した兵農分離策を推し進めた。同時に刀狩りなどが行われた。農民は武器を取り上げられたので、将兵としての性格を失ったといわれている。ただ、実際には兵農分離は一足飛びに定着したのではなく、江戸時代以降にわたって少しずつ定着したということが定説になっている。秀吉をもってしても、兵農分離はすぐに実現しなかったのだ。

したがって、戦国時代は上級家臣は別として、多くの中下級の武士は兵農兼業であり、決して職業的軍人ではなかったのである。

戦国時代の武士が兵農兼業という状況において、織田信長は兵農分離の先駆けを行ったとされている。信長は兵農分離を梃子《てこ》にして強力な軍隊を創出し、天下取りの基礎にしたというのであるが、それは正しい見解なのだろうか。

信長が兵農分離を行ったという根拠は、『信長公記《しんちょうこうき》』天正六年（一五七八）一月二十九日条の記事である。信長は天正四年（一五七六）から安土《あづち》城（滋賀県近江八幡《おうみはちまん》市）の築城を開始し、三年後の天正七年（一五七九）に完成させると、徐々に配下の者を城下に住まわせていた。信長が近世の道を切り開いたといわれる所以《ゆえん》である。ところが、天正六年一月、安土城下に住む弓衆《ゆみしゅう》の福田与一《ふくだよいち》の家が失火した。

与一は一人で居宅に住んでおり、そのことを信長が問題視した。家族がいれば、火事の被害を抑えることができたと考えたのだろう。調べると、百二十人もの馬廻衆《うままわりしゅう》・弓衆は、尾張《おわり》（愛知県）に家族を残しており、今でいう〝単身赴任〟であることが発覚した。怒った信長は、尾張支配を任せていた長男・信忠《のぶただ》に命じ、彼らの尾張国内の家を焼き払った。こうして家を失った馬廻衆・弓衆の家族は、安土城下に住むことを余儀なくされたのである。

この事例から明らかなように、信長は馬廻衆・弓衆を城下に集住させ、兵農分離策をいち早く行ったと指摘されている。近世に入ると、大名たちが城下町に武士を住まわせ、身分に応じて居住区を定めたのは歴史的事実として間違いない。その先駆を成し遂げたのが信長であると指摘され、その兆候は安土城に移る以前から確認できるという。

考古学の発掘調査によると、信長が永禄《えいろく》六年（一五六三）から四年間にわたり居城とした小《こ》牧山《まきやま》城（愛知県小牧市）には、武家屋敷の跡が残っているとの指摘がある。また、永禄十年（一五六七）から使用した稲葉山《いなばやま》城（岐阜城。岐阜市）の麓《ふもと》には信長の居館があったが、その周辺には重臣らの館があったという。信長は城下に兵を集住させるという、兵農分離を早い段階から実行していたということになろう。

もう少しほかの例を確認しておこう。

信長の配下の兼松《かねまつ》氏は、天正四年（一五七六）に近江国（滋賀県）に所領を与えられた（「兼松文書《もんじょ》」）。兼松氏は尾張国葉栗郡島村（愛知県一宮市）を本拠とする武将で、もとの所領は尾張国内にあった。本来、武士と土地とが不可分な関係だったことを考慮すると、これも武士の安土城下への集住つまり兵農分離策の第一歩と認識される。信長は兼松氏を安土城下に強制移住させる代償として、近江国内に所領を与えた。

信長は槍《やり》や鉄砲などを効果的に用いた作戦を行ったので、配下の将兵は軍事的な専門訓練を受けたと考えられてきた。特に、鉄砲のような新兵器は、専門的な軍事教練なしにして、実戦で用いるのは困難であると考えたのだろう。

一方で、右のような事例だけでは、信長により兵農分離が実施されたとはいい難いという慎重な意見がある。当時、戦国大名の直臣《じきしん》（馬廻衆など）が城下町に住むことは、決して珍しいことではなかった。したがって、政策的に家臣を城下町に住まわせた兵農分離と、信長の事例を同列に考えてはいけないという指摘があるので（池：二〇〇三）、兼松氏のケースが兵農分離に該当するか否《いな》かの検討が必要である。

戦国最強といわれる信長の軍隊は、兵農分離を成し遂げた専門的軍事集団だったとのイメージがあるが、現存する史料だけでは必ずしもそうとはいえないようだ。いまだに十分な分析が必要であることを述べておきたい。

「武士か？　百姓か？」──選択を迫った秀吉

天正十四年（一五八六）一月、豊臣秀吉は十一ヵ条にわたる定《さだめ》を制定した（「近江水口加藤家文書」）。この定は、豊臣政権の基本政策を考えるうえで重要である。

定の冒頭では、奉公人・侍を問わず、中間《ちゅうげん》・小者・あらし子（荒らし子）に至るまで、主《あるじ》に暇《いとま》を乞わず出奔《しゅっぽん》することを禁止し、該当者を新たに召し抱えてはならないと規定する。ただし、前の主の許可が得られれば、召し抱えても構わないと定める。前の主に断ってから新しい主に仕えるという規定は、ほかの戦国大名の分国法《ぶんこくほう》にも見られるもので、ことさら珍しいものではない。では、侍はともかくとして、奉公人・中間・小者・荒らし子とはどういう身分的な存在なのか。

奉公人とは下層の侍身分であり、武家の家臣を意味する身分である。中間・小者・荒らし子は、広い意味で武士の最下級身分に相当する。この定により、中間・小者・荒らし子が武士身分であることを改めて確認したといえよう。

とはいえ、服装などにより、それぞれの身分標識があったようである。侍は尻切《しりきれ》を履いてはならず、お供の時は足半《あしなか》を履くことと決められていた。尻切とは底を革で張った草履《ぞうり》のことであり、足半とは走りやすいよう踵《かかと》の部分がない短い草履である。中間と小者は、日常的に足半を履かなくてはならなかった。

中間と小者は、革足袋《たび》を着用してはならなかった。当時、布製の足袋は用いられず、革製が基本だった。しかし、「足袋御免」（足袋を履く許可）という格式があったほどで、革足袋は高級品だったといわれている。ゆえに、身分が低い中間と小者は、革足袋の着用を認められなかったのだろう。

秀吉の定によって、兵農未分離状態の土豪は百姓として在地に残るか、武士（給人）として大名家に仕え、戦争に従軍するかを迫られた。給人とは主人から所領を給付され、家臣になった者のことである。定によると、年貢の収穫高のうち三分の一が百姓の手元に残り、残りの三分の二を給人が受け取ることになっていた。加えて、百姓は移動を禁止されて土地に縛り付けられ、耕作に専念しなくてはならなかった。百姓として生き残るには、過酷な条件があったのである。

むろん、これには秀吉の意図があった。これまでの武士（給人）は土地に根付いており、土地の所有と年貢の中間搾取《さくしゅ》で生計が成り立っていた。秀吉は武士（給人）を土地から引き剝《は》がし、その代償として高い搾取率などの有利な条件を保証したうえで、彼らを武士身分に組み込んだ。これにより、武士身分と百姓身分の分離が進んだとされているが、現実には必ずしも理想通りに進んだとはいえなかったようだ。

秀吉の十一ヵ条の定とともに重要なのが、天正十六年（一五八八）七月に制定された「刀狩《かたながり》令」である。刀狩令により、百姓は刀だけでなく、脇差《わきざし》、弓、槍、鉄砲などの武器を取り上げられ、耕作に専念することを迫られた。刀狩令も兵農分離策の一環として捉えられた。

ただし、刀狩令は全国一律に見られるわけではなく、九州に数多く伝存することに注意が必要である。九州に多かった理由は、天正十五年（一五八七）における肥後《ひご》（熊本県）の一揆《いっき》が影響しているという。当時、肥後の支配を任された佐々成政《さっさなりまさ》は、一揆の鎮圧に失敗した。その対策として、刀狩令が施行されたという。刀狩令の発布は肥後の一揆が影響したともいわれ、全国的にどこまで発布されたのかを調べることが今後の課題であるという。

このように戦国時代においては、兵農未分離の状態が続いており、専門的な軍人訓練を受けた軍隊が存在したとはいい難いのである。

兵の動員は「陣触れ」から

ここから具体的に戦争の話をしていこう。戦国大名は合戦の開始前、「陣触《じんぶ》れ」と呼ばれる命令によって将兵に動員をかけた。陣触れは書状や口頭によって伝達されたが、ここでは書状によるものを、いくつか例として確認しておこう。

年未詳七月十五日、北条氏は下野壬生《しもつけみぶ》（栃木県壬生町）に出陣すべく、清水《しみず》氏に陣触れを行った（「正木文書」）。当時の北条氏は、佐竹《さたけ》氏を中心とする北関東の大名と交戦状態にあった。宛先の清水氏は、伊豆《いず》（静岡県）に本拠を置いた北条氏の家臣である。陣触れの内容は、次のとおりである。

陣触れの冒頭には「陣触」とあり、続けて「東の敵（北条氏と敵対する北関東の諸大名）が壬生に軍事行動を展開したとの報告があったので、思いがけず出陣することになった。すぐに出陣の準備をし、軍勢も相応に準備すること」といった内容が書かれている。急な出陣だったので、要点をまとめて出陣を要請したものだ。急いでいるとはいえ、相応の軍勢を引き連れるように求めているのは重要である。単身ではなかったのだ。

天正十八年（一五九〇）一月四日付の北条氏規《うじのり》の陣触れは、家臣の海老名五郎右衛門《えびなごろうえもん》に宛てたものである。氏規は氏康《うじやす》の三男で、当時は韮山城《にらやま》（静岡県伊豆の国市）主を務めていた。この陣触れは、来《きた》るべき豊臣秀吉による小田原征伐《せいばつ》に備えてのものである。概要は以下のようなものであった。

清水氏への陣触れと同じく冒頭に「陣触」の語があり、それに続けて「氏規の被官（武家の家臣）は御崎小田原（神奈川県小田原市）に移ったので、妻子・郎党・兵粮《ひょうろう》・荷物以下を小田原に入れました。あなたも小屋掛をして務めを果たし、尽力をするように」と書かれている。小屋とは、仮設の小さな野営施設である。小田原城内にすべての軍勢を収容するのが難しかったので、将兵は城内の広大な敷地に小屋を築いて、そこでの生活を余儀なくされたのである。

もっと具体的な内容の陣触れもある。天正十七年（一五八九）十二月七日、北条氏は同じ清水氏に陣触れを行った（「平岡文書」）。内容は、やはり小田原征伐に備えてのものである。陣触れは五ヵ条にわたっており、内容は次のとおりである。

①関東に豊臣軍が攻め込んでくるので、迎え撃つ準備をしてほしい。以前から出陣が多くて申し訳ないが、油断している場合ではないので許していただきたい。軍勢の人数は、厳密に調《ととの》えてほしい。

②準備する期限については、改めて伝える。

③年内は日にちが残り少ないので、戦いはおそらく越年するだろう。

④武具の綺羅《きら》（華やかさ、美しさ）については、今回は不問とする。とにかく戦いを継続できるように、準備をすることが重要である。

⑤普請《ふしん》道具（土木工事などの道具）も持参すること。

①については、これまでと同じである。②③は出陣の時期に関してであるが、暮れが押し迫ると翌年に持ち越すことは、ほかの戦国大名の例でも見られる。④は、軍装をめぐるものである。この点は後述するが、将兵は好きな格好で来てよいのではなく、服装などにも一定の決まりがあった。しかし、今回は事態が切迫しているので、不問にしたのである。⑤は砦《とりで》や柵、塀を作るため、工事用の道具を持参するよう求めたものだ。

このように、陣触れの中身はさまざまであるが、命じられた家臣はただちに準備を整えて出陣したのである。

陣鐘と法螺貝は合戦スタートの合図

合戦が始まる合図として用いられたのが、「陣鐘《じんがね》」や「法螺貝《ほらがい》」である。これを合図にして、将兵らは当主のもとに馳《は》せ参じた。陣鐘や法螺貝とは、どういうものなのだろうか。

神奈川県藤沢市の遊行寺《ゆぎょうじ》（清浄光寺）には、延文《えんぶん》元年（一三五六）に鋳造《ちゅうぞう》された銅鐘がある。この由緒をたどると、遊行寺は伊勢《いせ》宗瑞《そうずい》（北条早雲《そううん》）と三浦道寸《みうらどうすん》との交戦で全山が焼失し、銅鐘も北条氏によって小田原に持ち去られた。その後、銅鐘は陣鐘として用いられたが、寛永《かんえい》三年（一六二六）十二月に戻ってきたのである。このように、陣鐘は寺院の鐘を転用した例が少なくない。

長野県佐久穂《さくほ》町の自成寺《じじょうじ》は、武田信玄《たけだしんげん》が寄進したという「明応《めいおう》八年（一四九九）未十月吉日作之」の銘がある鐘を所蔵する。こちらも、陣鐘として用いられた。長野県松代市の真田《さなだ》宝物館にも、「弘治《こうじ》三年（一五五七）八月日」の銘を持つ陣鐘がある。明智光秀《あけちみつひで》が坂本城（滋賀県大津市）で用いた陣鐘は、菩提寺《ぼだいじ》の西教寺《さいきょうじ》（同前）に所蔵されている。

法螺貝は、密教儀式の法具だった。修験道《しゅげんどう》では行者が持つ道具の一つで、山岳修行の際に猛獣を追い払うために用いた。法螺貝の音はよく通るので、出陣の合図としては最適だったのだろう。しかし、法螺貝を鳴らすのは非常に難しく、一定の訓練が必要だったといわれている。口頭や書状によって陣触れを行うのは、具体的に指示を出す点で有効だったが、急な敵の来襲などの場合は陣鐘や法螺貝が効果的だったのである。

下総結城《しもうさゆうき》氏の武家家法『結城氏新法度《はっと》』には、陣鐘の使用法について規定がなされている。結城氏の居城で法螺貝が鳴った場合、下級の侍は使者を居城に遣《つか》わし、ただちに出陣しなくてはならなかった。ちなみに、法螺貝の音が小さい場合は内部の問題であり、大きい場合は支配領域外の事件を意味していた。このように家臣は音を聞き分け、判断することを日常的に求められていたのである。

天正三年(一五七五)、鉢形《はちがた》城(埼玉県寄居町)主の北条氏邦《うじくに》は、陣鐘や法螺貝が鳴った際の対応を掟《おきて》として定めていた。その内容は、法螺貝や陣鐘が鳴った場合、足軽《あしがる》衆らがすぐに馳せ参じるようにというものだ。もし応じない者があった場合は、厳しい処分を科すばかりか、足軽衆を取りまとめる上級領主にも同じ処分を科すと決められた。戦争という急を要する事態においては、迅速な行動が要求されたのである。

法螺貝や陣鐘を用いた様子は、天正十年(一五八二)二月十三日付の吉川経安置文《きっかわつねやすおきぶみ》に書かれている(「吉川家文書」)。天正九年(一五八一)七月、羽柴(豊臣)秀吉は五万の軍勢を率いて、鳥取城(鳥取市)に来襲した(「鳥取城の戦い」)。秀吉は鳥取城下に構《かまえ》を築き、川辺には乱杭《らんぐい》、逆茂木《さかもぎ》を設け、諸陣に法螺貝や陣鐘を打ち鳴らし、夜も明かりを煌々《こうこう》と照らした。この場合の法螺貝と陣鐘の使い方は、示威的な行為といえるだろう。

「触口」――戦地での報告担当

「触口《ふれくち》」とは甲斐《かい》(山梨県)の武田氏の史料でも確認できる職務で、軍事に関する伝達のみならず、報告全般を担当していた職務である。

出陣の詳細については、先述した陣触れを使者が口頭で伝えていた。書状で伝える場合もあったが、急を要する事態では、口頭のほうが明らかに早かった。あるいは、書状が他人の手に渡ってはまずいという、機密上の問題もあったかもしれない。北条氏にも触口という役目があり、陣触れを担当していた。出陣命令は北条氏から各郡代に伝えられ、そこから触口が諸所に伝達していたのである。

永禄九年(一五六六)六月十一日、北条氏は家臣の石巻家種《いしまきいえたね》の代官と小触口(触口の配下にあった者)に朱印状を送った(「福住文書」)。触口に関するものだ。

朱印状の冒頭では、千二百二十五人の人足《にんそく》(荷物の運搬などに従事する労働者)を来《きた》る六月十五日に召し連れるよう命じている。その際、鍬《くわ》・畚《もっこ》を持ち、触口も召し連れて小田原の柳小路に集まるよう指示がある。そして、毎日の仕事を人足に申し付け、もし応じない郷(村など行政単位)があれば、過失として定めた倍の日数の作業を命じることとした。このとき小触口は、遠島に向かわされたようである。

急なことならば、陣鐘や法螺貝でも対応できたが、込み入った事情があった場合は口頭もしくは書状によって陣触れを行ったのはすでに述べたとおりである。特に、遠隔地の国衆《くにしゅう》レベルを動員する場合は、口頭や書状に拠《よ》るしかなかった。当時の書状を見ると、遠隔地から陣触れを告げる例が数多く見られる。

以上のように、戦国大名は危機管理の一環として、合戦が始まる際の情報伝達経路を整備していた。アナログな方法ながらも、かなりシステマティックかつ合理的な手段だったといえよう。

戦場へ赴く際に持参する物とは？

動員をかけられ戦場へ赴くこととなった将兵らは、おおむね自分で一定の装備を用意する必要があった。

重要なのは武器である。刀、弓矢、鉄砲などは、その代表である。鉄砲を使用するには、火打石や火縄も携行する必要があったが、高価な武器だったので誰もが持参したわけではない。

同時に、身を守るための防具として具足《ぐそく》（甲冑《かっちゅう》、鎧《よろい》）も着用していたが、戦いに適した軽量のものが好まれた。ゆとりのない雑兵《ぞうひょう》は、武具を借りることがあったという。なお、武具については、次章で取り上げる。

そのほかに薬、兵糧《ひょうろう》なども必要であったが、それらは打飼袋《うちがいぶくろ》という筒状の細長い袋に入れて、携行したようである。薬といっても、薬草などの民間療法に拠るものであって、どこまで効き目があったか不明である。刀傷には、「セイソ散」という薬が効果的だったと伝わる（『金瘡秘《きんそうひ》術密方《じゅつみっぽう》』）。現実には『雑兵物語』に書かれているとおり、小便を溜《た》めて冷やし、それを傷口に塗るということもあったが、効果には疑問が残る。

兵糧の調達法は第四章で詳述するので、ここでは携行食について簡単に触れておこう。将兵らが携行したのは、今でいうところのインスタント食品である。なかでも米は必需品だった。米は糒《ほしいい》（炊いた米を乾燥させたもの）、炒《い》り米（生米、または炊いた米を炒って乾燥させたもの）を携行した。そのほか、保存が利く味噌《みそ》、塩、梅干も持参した。ほかの食材は、野草を採ったり、川で魚を捕るなどして現地で調達したと考えられる。

米を戻す作業にもさまざまな方法があった。一般的には、自分が被《かぶ》っている兜《かぶと》に水を入れ、米を戻して火にかける方法がある。大久保彦左衛門《おおくぼひこざえもん》の『三河《みかわ》物語』によると、米を入れた手ぬぐいを水に浸して土に埋め、その上で焚火《たきび》をすると米が炊けると書かれている。こうした創意工夫によって、飢えをしのいだのだ。

装備品として変わったところでは、鍬、鉈《なた》、まさかり、鶴嘴《つるはし》などの道具が必要であった。それは砦《とりで》や防御用の柵を作るために木や竹を伐《き》り出したり、城郭の補修をしたり、堀を掘ったりする作業に欠かせない道具といえよう。こうした土木工事は、動員された百姓または下級武士の役割だった。

上級家臣は立派な具足を身にまとい、切れ味の鋭い刀を携行していたが、雑兵はそうではなかったと考えられる。日頃の彼らは農業に従事しており、合戦に際しては手製の粗末な装備で出陣したと推測される。一方で、軍勢の綺羅を整える必要があり、ほかに旗指物《はたさしもの》などを準備しなくてはならなかった。大名家は別格として、雑兵の武具が残ることは少ないので、その全貌を知るための調査研究が今後の課題であろう。

戦時の負担を定めた「着到」

では、軍勢、すなわち兵員の動員数はどのように決められ、伝達されたのだろう？　まずは、北条氏の例を見ておこう。

元亀《げんき》三年（一五七二）一月九日、北条氏は道祖土図書助《さいどずしょのすけ》に着到定書《ちゃくとうさだめがき》を送った（「道祖土文書」）。着到定書とは、家臣が負担すべき軍役《ぐんやく》を列挙したものである。以下、その内容を確認しておこう。

道祖土氏は、武蔵《むさし》国比企《ひき》郡八林（埼玉県川島町）で二十五貫文を給与されていた。道祖土氏が引き連れる人数は、三人と定められた。その内訳は、次のとおりである。

①一本　槍、二間《けん》々中柄、具足・皮笠《かわかさ》
②一本　指物持、同理
③一騎　馬上、具足・甲大立物《かぶとおおたてもの》・手蓋《てがい》・面膀《めんぼほ》（頬）

右の仕様を示したうえで、着到定書は「右の着到は分国《ぶんこく》中にすべて申し付けた。このとおりで、少しも間違いはない。これに違反する者や落ち度がある者は、法が定めるとおりである（処罰する）」と結ばれている。この軍役の負担は絶対的なもので、必ず守らなければならなかった。①〜③について、もう少し確認しておこう。

①は、槍の担当者を一人準備することである。「二間々中柄」とは、二間《けん》半つまり約四・五メートルの長さということである。具足と皮笠は、着用を義務付けられた。具足は槍・鉄砲に対する防備であるが、大量生産の必要により、鉄板に蝶番《ちょうつがい》を付けて胴に巻いたものである。専用の籠手《こて》・脛当《すねあ》てなどの小具足が付属していた。皮笠は煮締めた皮革の裏側に筋金（骨板金、骨板、骨金）という鍛鉄《たんてつ》製の骨板を渡し、漆《うるし》をかけた陣笠である。

②は、指物の担当者を一人準備することである。指物とは自身の素性やどの部隊に所属しているかを示すため、具足の胴の背に差したり、従者に持たせた小旗などのことだ。指物が戦場にひらめくと、戦意高揚の役割も果たした。

③は、騎馬武者を一人準備することである。この場合は、道祖土氏自身である。騎馬武者には、具足・甲大立物・手蓋・面膀の着用が義務付けられた。甲大立物とは、兜の鉢の立物（飾り）を特に大きく拵《こしら》えたもの。手蓋は籠手、面膀は顔を守る防御具である。騎馬武者の場合は、甲大立物などを準備しなくてはならなかった。

同じ元亀三年一月の例を見てみよう。

鈴木雅楽助《うたのすけ》の場合は、武蔵国埼玉郡百間（埼玉県宮代町）で道祖土氏よりも少ない八貫二百五十文しか領していなかったので、負担は槍の担当者一人と騎馬武者一人の計二人だった（「武州文書」）。騎馬武者の甲立物は大きくなくてもよく、手蓋・面膀は不要だった。ただし、指物は何でもいいので、準備するよう指示があった。つまり、それぞれの武将の所領規模に応じて、負担すべき内容が異なっていたのである。

所領の規模に応じて準備するものは異なっていたが、ほかにどういうケースがあったのか、元亀三年一月の例で確認しておこう。

市野《いちの》善次郎《ぜんじろう》は武蔵国橘樹《たちばな》郡駒林（横浜市港北区）に給田（給与された田畑）を持ち、十貫文を与えられていた（「諸州古文書」）。

軍役の負担は鈴木雅楽助と同じく、槍の担当者一人と騎馬武者一人の計二人だ。しかし、騎馬武者については、甲大立物、吹流《ふきながし》などを用意しなくてはならなかった。吹流とは旗の一種で、戦国時代以来の軍陣の標識である。幅広の流れ旗の横上を半月形にたわめ、あるいは輪にして旗竿《はたざお》につけ、風をはらませて長くなびかせるようにしたものである。吹流のほかに、指物も必要だった。市野氏の所領規模は鈴木氏と変わらなかったが、甲大立物を着用しなければならなかった理由は不明である。

宮城泰業《みやぎやすなり》は、武蔵国足立《あだち》郡大間木（さいたま市緑区）などに計二百八十四貫四百文を領していたため、三十六人という大きな軍役を課せられた（「宮城文書」）。次に、その内容を確認しておこう。

①三本　大小旗持、具足・皮笠
②一本　指物持、同理
③一張　歩弓侍　甲立物・具足・指物撓《しない》　地黒ニ赤き日之丸一ツ
④二挺《ちょう》　歩鉄炮《てっぽう》侍　同理
⑤十七本　鑓《やり》、二間々中柄、具足・皮笠
⑥七騎　馬上、具足・甲大立物・手蓋・指物何にても
⑦一騎　自身、具足・甲大立物・手蓋・面肪《めんぼう》（頰）・馬鎧金
⑧四人　歩者、具足・皮笠・手蓋

以下、ここまでと異なる点だけを説明しておこう。①の大小旗持は、文字通り大小の旗を持

つ役目のことである。③の歩弓侍は、徒武者《かち》で弓を担当した。撓とは、縦の一辺だけにしなわせた棹《さお》を入れた幟《のぼり》の指物である。その指物には、黒地に赤い日の丸を描かなくてはならなかった。④の歩鉄炮侍とは、徒武者で鉄砲を担当する者である。

⑥と⑦はともに騎馬武者であるが、⑦は宮城泰業のことである。泰業の乗る馬には、馬鎧を着せなくてはならなかった。⑧の歩者は、単なる徒武者である。弓や槍などの武器の指定がないので、刀で戦ったのだろう。⑤の槍が十七本というところを見ると、この時代には槍が主力の武器だったことがわかる。

着到の事例①――武田氏のケース

次に、武田氏のケースを確認しておこう。

永禄五年（一五六二）十月十日、武田氏は小諸城《こもろ》（長野県小諸市）主の大井高政《おおいたかまさ》に軍役定書を送った（「武州文書」）。大井氏に課された軍役は、四十五人だった。内訳を確認しておこう。

①槍　三十本（うち五本は、在甲府により免除）
②弓　五張
③持槍　二丁

④鉄砲　一挺
⑤甲持　一人
⑥小旗持　一人
⑦指物持　一人
⑧手明《てあき》　四人

四十五人には、具足の着用が義務付けられていた。①の槍は、二間半（約四・五メートル）以上の長いもので、大井氏が甲府（山梨県甲府市）に詰めていたので、五人分は免除された。③の持槍とは、一間半（約二・七メートル）の長さのものである。甲（兜）持とは、主君の兜を持ち歩く役目、あるいは主君の兜をかぶって供をする雑兵のことである。手明とは、兵糧を積んだ馬を引く将兵である。

軍役を負担しない者には、厳しい処分が待っていた。同年二月八日、武田氏は大井高政に朱印状を送っている（「武州文書」）。大井氏の被官で陣中から逃亡し、軍役を負担せず私領（自分の所領）を捨て、領国《りょうごく》内を徘徊《はいかい》する者があった。武田氏はこれを許さないとし、成敗を加えるよう大井氏に命じたのである。一人でも軍役を負担しない者を許せば、全体の統率が取れなくなることを恐れたのだろう。

天正年間になると、さらに内容が具体的になる。天正四年（一五七六）五月十九日、武田氏は市河昌家《いちかわまさいえ》に軍役定書を送った（「反町十郎《そりまちじゅうろう》氏所蔵文書」）。市河氏の負担する軍役は、乗馬（当人）、小旗（一本）、持槍（二本）、鉄砲（二挺）、弓（一張）、長柄（六本）である。これらの仕様は、実に細かかった。

市河氏自身は騎馬で出陣を求められ、甲立物、具足、面頬、手蓋、咽輪《のどわ》、脛盾《はいだて》、指物を準備する必要があった。このうち咽輪とは、喉の部分を守る防具である。脛盾は、脛《すね》を守る防具である。

鉄砲を担当するものは、射撃がうまい歩兵とし、玉薬《たまぐすり》（銃砲弾の発射に用いる火薬）は一挺につき二、三百撃てるよう準備が必要だった。弓も熟練したものが担当し、靫《ゆぎ》（矢を入れる筒形の容器）や根弦（弓づる）は不足しないよう準備が求められた。市河氏に要求されたのは、熟練した将兵を引き連れることだった。

市河氏は武田氏が定めた人数、および使用に従って将兵を準備して出陣した。この軍役定書の末尾は、「（市河氏の）領中の荒地そのほかを申し掠《かす》める者がいたら、重ねて検使によって改め、下知《げち》を加える。したがって、歩兵衆はすべて甲・立物・手蓋・喉輪を着用すること」と結ばれている。

市河氏が軍役を負担するに際して、その領内が他の者に侵食されてはならなかった。武田氏は市河氏の所領の安全を保証したうえで、軍役の負担を求めたのである。

着到の事例②——上杉氏のケース

越後《えちご》（新潟県）上杉《うえすぎ》氏の軍役は、どうなっていたのであろうか。

天正二年（一五七四）六月二十日、上杉謙信《けんしん》は家臣の中条景泰《なかじょうかげやす》（吉江景資《よしえかげすけ》の子）に軍役を課した（「上越市立総合博物館所蔵文書」）。内容は、上杉謙信が景泰に、後継者がいなかった中条景資の跡を嗣《つ》がせ、その軍役を定めたもので、五ヵ条から成っている。

一条目は槍の負担が九十本だったが、十本を免除して八十本にするとある。騎馬武者の十騎は五騎を加えて、十五騎とした。そのほか、大小旗持は十三本、手明は二十人、鉄砲は十挺となった。天正三年（一五七五）二月十六日の中条景泰軍役帳写によると、大小旗持が十五本と二本増えたほかは、数に変化が見られない。

天正三年二月九日、上杉景勝は家臣の吉江資堅《すけかた》の軍役を定めた（「吉江文書」）。内容は、以下のとおりである。

①馬上　四十騎
②手明　四十人
③大小旗　二十五本
④鉄砲　二十挺

⑤槍　二百五十本

中条氏よりも負担が大きいのは、一目瞭然である。こうした区分は所領の規模に応じて、割り振りがなされたのだろう。

軍役は、軍功によって一定数が免除されることがあった。天正二年十月十日、上杉謙信は若林家吉の軍功を賞して、新たに知行地を付与した（「謙信公御書集」）。その際、軍役については、「以前は槍を担当する者を五人召し連れるよう命じたが、以降は四人を免除する」と書かれている。つまり、若林氏は軍功を挙げることによって新たに所領を得るだけでなく、軍役の負担が軽減されたのである。

普通に考えると、軍功を挙げた有能な武将が頼りになるのだから、さらに軍役を課そうと考えるかもしれない。しかし、過重な軍役を課すことにより、上杉氏から離反する可能性もあったので、軍功を挙げた者に対しては軍役を減らして、求心力を保とうとしたのである。

上杉氏が課した軍役を知るには、天正三年二月十六日に作成された『上杉家軍役帳』が参考になる（「上杉家文書」）。

『上杉家軍役帳』には、上杉家の有力武将三十九名、および軍役として負担する槍・手明・鉄砲・大小旗・馬上が記載されており、兵力と装備が一目瞭然である。この史料によると、上杉家の動員力は次のとおりである。

①槍　三千六百四人
②手明など　六百五十人
③鉄砲など　三百十六人
④大小旗持　三百六十八人
⑤騎馬　五百六十六人
　合計　五千五百四人

約五千五百人というのが、上杉家の上級家臣団に課せられた軍役だった。むろん、甲（兜）などの装備にも指定があった。

先に触れた中条景泰と吉江資堅には、軍役に変化があったのだろうか。中条景泰の場合は、大小旗持が二本増えて十五本になった以外は変化がない。一方、吉江資堅の軍役は、次のとおり大幅に負担が減った。

①馬上　四十騎→十五騎
②手明　四十人→十五人
③大小旗　二十五本→十本

④鉄砲　二十挺→五挺
⑤槍　二百五十本→六十本

負担が減った理由は不明であるが、軍功や所領の規模などを勘案したものと考えられる。『上杉家軍役帳』を見る限りでは、動員数が約五千五百人と少ない印象を受ける。しかし、これはあくまで上級家臣の軍役負担である。実際には中下級家臣にも広く軍役負担を求めたであろうから、この数字にこだわる必要はないだろう。

天正五年（一五七七）十二月二十三日の『上杉家家中名字尽手本』には八十一名の武将の名が記されており、越後の武将に加えて、越中《えっちゅう》（富山県）、能登《のと》・加賀《かが》（石川県）、上野《こうずけ》（群馬県）の武将が名を連ねている。

戦時だけとは限らなかった「軍役」

ここまでの軍役は戦争にかかる動員を中心に見てきたが、決してそれだけではない。日頃から、大小さまざまな役の負担があった。

城の普請も軍役の一つである。元亀三年（一五七二）七月二十五日、武田信玄は深志城《ふかしじょう》（長野県松本市）の普請奉行衆に書状を送り、本願寺《ほんがんじ》門徒の深志城普請役、兵糧運搬などの諸役を免除するように伝えた（「正行寺文書《しょうぎょうじ》」）。対象となった寺院は、正行寺・極楽寺《ごくらくじ》、安養寺《あんようじ》の三寺である。裏を返せば、城の普請や兵糧運搬に際しては、寺院はもちろんのこと、郷民が動員されていた証になろう。

天正二年（一五七四）六月八日、羽柴（豊臣）秀吉は下八木（滋賀県長浜市）の地下人《じげにん》（郷民）に対して、今浜城（のちの長浜城）の普請を命じた（「大阪城天守閣所蔵文書」）。それは僧侶、侍、奉公人などが身分によらず動員され、それぞれが鋤《すき》、鍬、畚を持参しなくてはならなかった。同年六月六日、秀吉は平方の名主・百姓に宛て、今浜城の普請を命じた（「川井善七《かわいぜんしち》氏所蔵文書」）。対象には商人も加わっているので、さらに広範だった。のちに秀吉は、今浜の名称を長浜に改めた。

天正十三年（一五八五）六月二十九日、堀秀政《ほりひでまさ》は佐和山城（滋賀県彦根市）の留守を預かる、弟の多賀秀種《たがひでたね》に書状を送った（「多賀文書」）。当時、秀政は来《きた》るべき秀吉の四国征伐（土佐長宗我部《ちょうそかべ》討伐《とうばつ》）に備える一方、佐和山城から北陸方面への道普請を命じたのだ。それは、北陸征伐に備えてのものだった。

書状の内容は、北陸への道普請を蓮照寺《れんしょうじ》と井上又右衛門に申し付けたことを知らせ、百姓らが代官を軽んじて、普請に応じない者が出てはいけないので、秀種から両者に注意して監視するよう申し付けるようにとある。北陸征伐のために道を作るのだから、疎略にする在所があれば、成敗をするよう命じてもいる。当時の道は狭かったので、大軍勢が通行するには非常に不便だった。そこで、道幅を拡張したり、危険な箇所を修繕するなどしていたのである。

戦争には、郷民も動員された。郷民らが動員された例は、北条氏の史料にいくつか載せられている。天正十六年（一五八八）一月になると、上方《かみがた》（豊臣秀吉）から小田原に攻め込んでくるとの風聞があったので、北条氏は戦いに備えた。

天正十六年一月六日、北条氏は桑原（静岡県函南《かんなみ》町）の百姓中に朱印状を送った（「森六夫氏所蔵文書」）。内容は人足を五人雇うので、五日以内に伊東津（静岡県伊東市）まで行って、安《あん》藤良整《どうりょうせい》から雇賃百文を受け取るようにというものである。この場合の作業内容は不明だが、人足に賃金が支払われることになっていた。

まったくの同一年月日で、岩付《いわつき》(槻)城（さいたま市岩槻区）主の北条氏房《うじふさ》は井草本郷（埼玉県川島町）などに宛てて朱印状を送った（「武州文書」）。それは、岩付城の外構《そとがまえ》の普請を依頼するものだった。諸郷の人足には、一月十一日から十二日までの間に岩付に来るよう命じ、実際の普請は十三日の開始で、十日間従事するというものだ。もし、一人も来なかった場合は、一人につき五人を追加して普請役を課すうえに、その郷の領主・名主には罰が与えられるという条件だった。

天正十六年一月七日の北条家朱印状は、馬込《まごめ》（東京都大田区）百姓中に宛てたものである（「武州文書」）。こちらは諸境目の普請を申し付けるので、人足二人に鍬・簣《あじか》（籠の一種）を持参し、十一日までに小田原に来るように命じたものであるが、相当な遠距離だった。境目というのは、北条氏領国の相模《さがみ》（神奈川県）・伊豆（静岡県）と徳川《とくがわ》氏領国の国境《くにざかい》を指すのだろう。国境付近の砦や道などを修繕したと考えられる。馬込から小田原までは約六十二キロもあるので、百姓にとっては大きな負担だったに違いない。

動員は郷村の百姓などに限らず、職人にも及んだ。番匠《ばんしょう》も対象である。番匠とは、木造の建物をつくる職人のことである。

天正十六年一月八日、八王子《はちおうじ》城（東京都八王子市）主の北条氏照《うじてる》は、大久野（東京都日の出町）の番匠・落合四郎左衛門に朱印状を送った（「新編武蔵国風土記稿」）。内容は三つに分かれており、一条目は北条氏直《うじなお》の戦争に際して、領分の番匠を集めて八王子で曲輪《くるわ》を一つ受け取って尽力することである。

二条目は番匠衆の妻子も八王子に入ることとし、三条目は他所に移る番匠がいたならば、どこへ行っても連れ戻し、死罪にするという厳しいものだ。ただし、番匠が命じられたのは戦争で将兵として戦うことか、あるいは大工の腕を生かし、城郭の修繕などに従事することなのか判然としない。八王子城の曲輪を一つ受け取るとあるので、前者である可能性も否定できないだろう。

これ以外にも、男を徴集して加勢するよう命じたり、あるいは普請を命じたりした例もあるので、総力戦で臨もうとしたことがわかる。ちなみに、戦争に動員された男子の年齢は、おおむね十五歳から六十歳とされているが、危機に陥った場合は年齢による制限はなかっただろう。

「軍役」は武将にとってかなりの負担

戦争にどれくらいの軍勢が動員されたのかは興味深いが、その実数を把握するのは非常に困難である。私たちが知る有名な合戦に動員された軍勢は、おおむね軍記物語などの二次史料に拠るしかない。しかし、そうした史料にあらわれる数字は、誇張されたものも珍しくなく、どこまで正しいのか判然としない。討《う》ち取った敵の数も同じことで、必ずしも正確とはいえないが、手掛かりがないわけではない。

天正十年（一五八二）六月に織田信長が「本能寺の変」で横死すると、豊臣秀吉が天下人となった。秀吉の戦争は天下統一の戦争であり、さらに朝鮮出兵（「文禄《ぶんろく》・慶長《けいちょう》の役《えき》」）へと拡大していった。そして、諸大名は秀吉の命《めい》により、幾多の戦争に従軍させられた。軍勢動員の際に重要だったのは、「御前帳《ごぜんちょう》」なる帳面である。

「御前帳」とは、郡ごとに石高《こくだか》を調査して国郡図（国絵図）を添え、国単位で掌握した国家的な土地台帳である。この場合の石高とは、秀吉が各大名に朱印状で付与した所領のことを意味する。秀吉は叡覧《えいらん》（天皇に見せること）を口実として、日本全国の各大名に御前帳の提出を求めたのだ。

朝鮮出兵時を参考にすると、秀吉の時代の軍役は百石につき三〜五人だった。この数字は各大名の石高と実際に出陣した人数を一次史料から算出したもので、実態に即しているといえる。

多少の幅があるのは、それぞれの大名の実情に合わせたものだろう。したがって、仮に五十万石の大名ならば、動員する軍勢は一万五千～二万五千になる。

右の基準があったものの、実際に軍役を果たすには財政的な問題などがあり、多くの困難が伴った。薩摩《さつま》（鹿児島県）の島津《しまづ》氏が「文禄の役」で朝鮮に渡海した際も同じである。以下、「島津家文書」などで確認しよう。

島津氏の軍役の負担は、百石につき五人だった。島津氏の石高から算出すると、約一万人の軍勢を遣わさねばならなかった。しかし、島津氏は財政的に苦しく、定められた軍役を負担することが難しかった。

その後、島津氏は石田三成《いしだみつなり》の了解を得て、百石につき二・五人まで軍役を減らしてもらい、負担は五千人まで半減した。ところが、朝鮮出兵はメリットのない戦争で、戦後にどれくらい恩賞が与えられるか不透明であり、いずれにしても島津氏が負担するのは大変なことだった。結局、文禄三年（一五九四）春の段階で、島津氏は約三千八百の将兵を出陣させていたが、同年十一月には三千余人まで減っていたのである。

そもそも朝鮮という慣れない土地での戦いで、病気により帰国する者が多かった。さらに、減ったあとの将兵の補充が利かなかったのである。その理由は財政だけでなく、島津氏の家臣団統制が十分ではなかったという事情もあった。ゆえに、島津氏は軍役を果たさなければ、秀吉から処分を受けるのではないかという状況にまで陥ったのである。

慶長五年（一六〇〇）の「関ヶ原《せきがはら》の戦い」においても、西軍に与した島津氏は十分に軍役を務められなかった。

同年八月二十日、島津義弘《よしひろ》は本田正親《ほんだまさちか》に書状を送り、軍事動員の状況を事細かに伝えた（『旧記雑録後編』）。それによると、長宗我部盛親《もりちか》は本来の軍役が二千人だったが、豊臣秀頼《ひでより》への忠心を示すため五千の軍勢を率いていた。それは立花宗茂《たちばなむねしげ》も同じで、千三百の動員でよいところを四千人も引き連れていた。しかし、島津氏は千余の軍勢しかおらず、のちに加勢があったもののの、わずか三百弱しか派遣されなかった。

理由は先述した家臣団統制の不備にもあったが、義弘が兄の義久《よしひさ》と折り合いが悪かったことが一番の原因であろう。義弘は国元に援軍の派遣を要請するが、それを無視するかのごとく、援軍は送られてこなかったのである。結局、島津氏は十分な働きをすることができず、戦場から逃げるかのように離脱した。島津軍の勇猛さを伝える捨て身の敵中突破「島津の退《の》き口」の裏には、実はこうしたなんともやるせない事情があったのである。

「関ヶ原の戦い」や「大坂の陣」は日本全国を巻き込んだ戦争であるがゆえ、移動なども含めた長期戦となった。そのため軍役負担のみならず、兵糧米などの兵站《へいたん》の準備などが重くのしかかってきたので、各地の大名は戦争の費用を捻出《ねんしゅつ》するために大いに苦労した。とりわけ「大坂の陣」は、大戦争が終わった時代でもあり、それ以前から各大名家は必要以上の家臣を雇用していなかった。そのような事情から、急場しのぎで牢人《ろうにん》が雇用されたのである。

『本光国師日記《ほんこうこくしにっき》』などによると、慶長十九年（一六一四）十月以降、豊臣方の大坂城には多数の牢人が入城した。豊臣方には味方になる大名がいなかったので、牢人を雇用するよりほかはなかった。豊臣家の強みは財政が豊かだったことで、牢人にはその場で金銀が支給されたといわれているが、臨時で雇われた牢人たちを統制するのが困難だったことは想像に難くない。豊臣方の主力は木村重成《きむらしげなり》ら譜代《ふだい》の家臣のほか、真田信繁《さなだのぶしげ》、後藤又兵衛《ごとうまたべえ》といった牢人たちだった。通常の家臣団を統制するのも難しいのに、牢人たちはなおさらだったのである。

このような状況で、豊臣方は徳川方と「大坂冬の陣」後に和睦《わぼく》をしたものの、その後の方針をめぐって、豊臣方の家中は和睦派と徹底抗戦派とで分裂する。結局、徹底抗戦派が優勢となり、戦争を再開。豊臣方は、慶長二十年（一六一五）五月に滅亡した。

牢人はなにも豊臣方の専売特許ではなかった。蜂須賀《はちすか》氏の徳島藩は、九千百余の将兵が大坂冬の陣に出陣した（「大坂御陣有人帳」）。うち牢人が百六十人ほどいたので、必要な軍勢の不足分を補ったと考えられる。このように牢人を雇用した例は、「大坂の陣」以前からも確認することができる。

以上のとおり、戦争には莫大《ばくだい》な経費がかかったので、各大名家の頭を悩ませるものだった。戦争をやるたびに、大名家の財政は逼迫《ひっぱく》したのである。

第二章

軍装と武具

——戦場の「装い」と「兵器」

時代とともに変化する「軍装」

前章では将兵の動員を見てきたが、彼らはどのような武具を準備して戦っていたのだろうか。まず重要なのは、防具となる甲冑《かっちゅう》である。

平安時代以後、武将が主に着用した甲冑は、騎射戦に適した大鎧《おおよろい》である。その構造は、短冊形に裁断した鉄の薄金板や革の小札《こざね》（細長い小板で鉄または革製）を革または組糸で威《おど》して製作した。威すとは、「つづり合わせる」という意味である。威し色目は色が豊富で、要所に打った据文金物《すえもんかなもの》などの装飾性が高く、武門の趣致を示すために赤糸威《あかいとおどし》、黒革威《くろかわおどし》などと称された。通常、大鎧には星兜《ほしかぶと》を具足《ぐそく》していた。

平安時代から鎌倉時代の初期にかけては騎射戦が多く、丈夫な大鎧は適した防具だった。ところが、鎌倉時代中期以後、騎射戦の衰退とともに大鎧は形式化し、室町中期頃には用いられなくなった。大鎧は、実用に向かなくなったのだ。騎射戦の代わりに増えたのが徒歩戦である。

以降、戦争の変化とともに防具は進化を遂げる。

平安時代の戦争は、さほど将兵は動員されず、数百人程度の小規模な戦闘が多かった。戦国時代になると、数千から数万の大軍同士が戦うことも増え、武器も槍《やり》や鉄砲などの新兵器が用いられるようになった。戦闘員が増えると、防具を短期間に製作する必要が生じる。さらに、機能性や素材の軽量化・簡略化、あるいは新しい素材の採用などにより、これまでの大鎧にこだわる必要がなくなった。

南北朝時代以降には徒歩戦が増えたので、軽量な胴丸《どうまる》が着用されるようになった。重たい大鎧は、機動性に欠ける欠点があったので敬遠されたのだ。胴丸は古代に用いられた挂甲《けいこう》という鎧に似ており、平安・鎌倉時代には徒武者《かち》が着用していた。胴丸の形態は、胴回りがひと続きで右脇に引き合わせ、裾《すそ》の草摺《くさずり》（甲冑の胴の裾に垂れ、下半身を防御する部分）は八間に分かれて歩きやすくなっている。何よりも軽量だった。また、主に筋兜《すじかぶと》と大袖《おおそで》を着用するようになった。

腹巻は胴の前と左右脇から背面両側が続いて背中で引き合わせ、その隙間に背板をつけた。裾の草摺は七間五段下がりとなっており、胴丸よりも簡便な防具で、鎧の下や衣の下にも着込むことがあった。

こうした軽装で出陣したのが足軽《あしがる》だ。足軽は「足軽く駆け回る者」という意味で、その存在は鎌倉時代から確認できる。騎射戦や個人戦が多かった時代から、歩戦による集団戦闘が主流になる鎌倉時代末期以降、その姿が顕著に見られるようになった。もっとも足軽が活躍したのは、応仁《おうにん》元年（一四六七）から始まった「応仁・文明《ぶんめい》の乱」である。彼らは放火略奪をも辞さず、目的は己の懐《ふところ》を潤《うるお》すことにあったという。戦国時代になると、足軽は弓足軽、鉄砲足軽などに進化を遂げた。

戦いの変化とともにあらわれたのが、「当世具足《とうせいぐそく》」である。当世には「今の」という意味があり、戦国時代における最新の具足だった。旧来の具足に対し、あえて当世具足と称したが、のちには単に具足と呼ぶようになった。当世具足は従来の胴丸を鉄板製とし、槍や飛び道具から身を守る機能を備えた。また、全身を覆うため、籠手《こて》・脛当《すねあ》て・佩楯《はいだて》（草摺と脛当てとの間の大腿《だいたい》部の防御具）・面具などの小具足を新たに付け加えた。

具足が武士にとっていかに重要であるかは、「具足始《ぐそくはじめ》」という行事にあらわれている。具足始とは、元服《げんぷく》した男子がはじめて甲冑を着用する儀式である。一般的に十二、三歳の頃に執り行われ、その儀式は出陣の法に準じていた。また、肴《さかな》の組様は、帰陣の法に準じたという。具足親は武功のある人が務め、具足の着用が終わると、張弓を弓杖《ゆみづえ》にして左の足で三度拍子を踏み、南向に床几《しょうぎ》（肘掛《ひじか》けのない坐具）に座して三献を受けたのである。

甲冑を製作したのは、甲冑師なる職人である。『七十一番職人歌合』には、「鎧細工」と書かれている。戦国大名は職人集団の保護に腐心しており、伊豆《いず》（静岡県）の伊勢宗瑞《いせそうずい》（北条早雲《ほうじょうそううん》）もその一人だった。「北条氏伊豆国中革作定書」では、北条氏直属の革作職人が他氏の被官（武家の家臣）になることを禁止した。羽柴《はしば》（豊臣《とよとみ》）秀吉《ひでよし》は、具足屋の彦一に扶持《ふち》として、十二俵を与えたことが知られている（「大阪城天守閣所収文書」）。

武田《たけだ》信玄《しんげん》も、十五世紀末から十六世紀半ば頃まで活躍した甲冑師の明珍信家《みょうちんのぶいえ》を重用したという。信家は、信玄の諱《いみな》「晴信《はるのぶ》」から偏諱《へんき》を与えられた。

規律が求められた軍装の統一

出陣に際して、持ち物が決まっていたのは、すでに触れたとおりである。では、軍装はどこまで統一が求められたのだろうか。

永禄《えいろく》四年（一五六一）に比定される十月十一日付の北条氏参陣定書には、「槍、小旗、馬鎧など綺羅《きら》を整える」よう命じられている（「小田原市立図書館所蔵文書」）。同じく「甲《かぶと》を着用していない者は、雑人《ぞうにん》（身分の低い者）のようで見苦しいので、以後は騎馬武者も徒武者も皮笠《かわかさ》でもいいから着用すること」と書かれている。つまり、ただ出陣すればいいというわけではなく、一定の軍装を求められたのはたしかである。

一定の軍装を求められたのは、乱れた格好をしていると弱そうに見えるので、相手から侮《あなど》られるからだろう。逆に、軍装が整っていると、将兵の間に連帯感が生まれ、相手からも「強そうだ」と警戒されたに違いない。実際に強いかどうかは別として、身支度をきちんと整えるのは当然のことだった。

軍装の統一で有名なのが、「赤備《あかぞな》え」である。

赤備えといえば、甲斐《かい》（山梨県）の武田氏である。天正《てんしょう》三年（一五七五）五月の「長篠《ながしの》の戦い」で、甲斐武田方の小幡《おばた》一党の部隊は「赤武者にて入替り懸《かか》り来る」と赤色で軍装を統一していた。武田信豊《のぶとよ》が率いる部隊は「黒武者にて懸り来り候」とあり、同じく武装を黒色で軍装を統一していた（以上、『信長公記《しんちょうこうき》』）。つまり、武田家には、赤色あるいは黒色で軍装を統一した部隊があったのだ。武田家では、ほかに飯富《おぶ》虎昌《とらまさ》隊（虎昌の死後は弟山県昌景《やまがたまさかげ》が引き継ぐ）、浅利《あさり》信種《のぶたね》隊、内藤昌秀《ないとうまさひで》隊、小幡信貞《のぶさだ》隊の四隊が赤備えであったとされる。

しかし、近世初期の軍法を見ると、赤色の軍装を禁止した例が確認できる。赤い武具に何らかの特別な意味があったのはたしかであり、それゆえに禁止したのだろう。いずれにしても、赤は遠くからよく目立ち、一目で識別できるメリットがあった。合印《あいじるし》（戦場で敵味方の区別をするため、兜などにつけた一定の標）のある旗指物《はたさしもの》や兜の前立《まえだて》、合印や家紋入りの具足や陣羽織《じんばおり》などでも識別できたが、赤はそれ以上に目立ったのである。

もう一つ有名なのが「井伊《いい》の赤備え」である。天正三年、十五歳の井伊直政《なおまさ》は徳川家康《とくがわいえやす》に見出《みいだ》されて仕官した。以降、直政は家康に従って、各地を転戦した。大きな転機となったのは、天正十年（一五八二）六月に勃発《ぼっぱつ》した「本能寺《ほんのうじ》の変」後における、武田氏旧領をめぐる徳川氏と北条氏の争いである。

同年、家康が武田氏の旧領信濃《しなの》（長野県）、甲斐へ兵を進めると、相模《さがみ》（神奈川県）の北条氏も領土を拡張するため侵攻してきた。両者は交戦に至るが、同年八月の「黒駒《くろこま》の合戦」で徳川方が勝利した。翌月には真田昌幸《さなだまさゆき》が徳川方に与《くみ》したので、戦いは北条方に不利となった。同年十月末、織田信雄《おだのぶかつ》の仲介で和睦《わぼく》が成立。徳川氏が信濃・甲斐、北条が上野《こうずけ》（群馬県）を領有し、北条氏直《うじなお》が家康の娘・督姫《とくひめ》を娶《めと》った。

井伊直政は和睦に際して北条氏への使者を務めるなど、大いに貢献した。その功績が家康に評価され、直政は同年に侍大将に抜擢《ばってき》された。

家康は若い直政の補佐役として、家臣の木俣守勝《きまたもりかつ》、西郷正友《さいごうまさとも》、椋原政直《むくはらまさなお》を付けた。武田家滅亡後、さらに家康は直政に徳川家に仕えた武田家遺臣七十四名、そして関東武士四十三名を家臣として授けた（『寛政重修諸家譜《かんせいちょうしゅうしょかふ》』）。なかでも武田氏旧臣は、山県昌景らの赤備えに所属した面々だった。これもひとえに、家康が直政を重用しており、戦国最強と恐れられた武田氏の赤備えを引き継いでほしいと考えたからだろう。

赤備えといえば、慶長《けいちょう》十九年（一六一四）から翌年にかけての「大坂の陣」で活躍した真田信繁《のぶしげ》も有名である。信繁は緋縅《ひおどし》の鎧（緋に染めた革や組糸を用いたもの）を身に着けると、鹿の角を前立にした白熊（ヤクの尾の毛）付きの兜をかぶっていた。秘蔵の川原毛《かわらげ》（朽葉を帯びた白毛で、たてがみと尾が黒く、背筋に黒い筋があるもの）の馬には、金覆輪《きんぷくりん》の鞍《くら》が用いられたという。

鞍には真田家の旗印・六連銭の紋が描かれ、紅の厚総《あつぶさ》（馬の頭や胸や尻にかける組紐《くみひも》）が掛けられていた（『幸村君伝記《ゆきむらくんでんき》』など）。これだけ目立つ真っ赤な軍装ならば、遠くから一目で信繁と判明したはずである。現在、「大坂の陣」を描いた屏風絵《びょうぶえ》には、信繁の姿がたくさん描かれている。信繁は大坂の陣で獅子《しし》奮迅《ふんじん》の活躍をしており、屏風絵でも一際目立っていた。その「赤備え」は、徳川方を威嚇《いかく》する大きな効果があった。

歴戦の勇士を揃《そろ》えた越前《えちぜん》（福井県）松平《まつだいら》氏の将兵も、赤い躑躅《つつじ》の花が咲き乱れたような信繁の「赤備え」を目にすると、恐怖で体を震わせたという（『武徳編年集成』）。

刀――〝武士の心〟の使い方

刀は、もっとも古い武器の一つである。刀とは、日本刀（太刀《たち》・打刀《うちがたな》・脇差《わきざし》・短刀）の総称である。室町時代以後は、打刀のみを刀と称する。おおむね奈良時代以前は剣が中心であった。剣は両刃となっており、長さは約七十～八十センチメートル。斬るというよりも、刺すほうに特化していたといえる。また、同じ頃の刀（片刃の刀剣）は、刃がまっすぐになっており（直刀）、刀身に反りがなかった。

平安時代中期以降、反りのついた片刃の太刀が出現する。武将たちが戦場で用いたのは、太刀である。打刀などが刃を上に向けて帯に差すのに対して、太刀は刃を下に向けて腰につり下げる。太刀の刃長は、二尺三寸～六寸（約七十～八十センチメートル）。武将は騎馬戦で太刀を片手で持ち、地上での交戦では両手で持って戦った。

ところが、太刀はとっさに抜くのが困難であるという欠点があった。太刀が大振りであるがゆえの難点だったといえよう。おおむね鎌倉時代中期以降になると、太刀の弱点を克服した打刀（腰刀）が主に使われるようになる。打刀の出現により、太刀は徐々に衰退していった。

打刀は刃を上にする形で腰帯に差す刀のことで、刃長は二尺（約六十センチメートル）程度が多い。太刀よりも短く抜きやすかったようだ。単に刀といえば、打刀のことをいう。敵と斬り合うため、鍔《つば》をつけるのが太刀と違っている。ちなみに「鍔競り合い」とは、打刀からきた言葉である。打刀が用いられたのは、おおむね室町時代中期頃からで、幕末まで使用された。なお、太刀を磨《す》り上げて、打刀に転用することもあった。

脇差は太刀や打刀に対応する小型の刀で、刃長が一～二尺（約三十～六十センチメートル）未満のものである。太刀は帯取りの緒で腰につるし、脇差は腰に差していた。室町時代以後、腰に差す打刀が太刀に代わり大小二本になると、小刀のほうを脇差と呼ぶようになった。二本一組で差すことは「大小」といった。

このほか、一尺（約三十センチメートル）未満の短刀、長い柄の先に反り返った刃をつけた薙刀《なぎなた》、柄の先端に剣形の穂をつけた槍もあった。敵の武将と組打ちになったり、最後に首を掻《か》き切るときは、長さが約三十センチメートル未満の短刀が用いられた。槍や鉄砲が出現しても、刀剣の利用価値は衰えることなく、副次的な武器として重宝されたのは変わりがない。

刀には切るという機能があったが、同時に刺すということも重要視された。また、使っているうちに人を切った脂、また刃こぼれなどで切れにくくなるので、使用後は手入れが必要だった。

刀の素材になるのは、刃面が均質で良好な玉鋼《たまはがね》である。玉鋼は砂鉄を原料にして、たたら製鉄法で造られた良質の鋼材である。鋼は、熱して五ミリメートル程度の厚さまで打って延ばす。打ち延ばした鋼は、二〜二・五センチメートル四方に小割して、良質な部分を皮鉄用と心鉄用に選別を行う。皮鉄とは心鉄をくるむ硬い鉄で、心鉄とは柔らかい鉄のことである。二種類の鉄を使うのが特徴である。

皮鉄は鍛錬を行って、不純物を取り除くとともに、炭素の含有量を調整する。その後、柔らかい心鉄を硬い皮鉄でくるむ。日本刀が優れている理由は、ここにある。日本刀の大きな特長は折れにくいこと、曲がりにくいこと、切れ味の鋭さである。つまり、柔らかい心鉄と硬い皮鉄を組み合わせることにより、これらの特長を兼ね備えたのである。

その後、皮鉄と心鉄を組み合わせたものを熱し、打ち延ばして平たい棒状にする。これを素延《すの》べという。刀の長さになったら刀身の先端を切り、加熱して小槌《こづち》で叩《たた》きながら、鋒《きっさき》(先の尖《とが》った部分)を打ち出す。そのうえで火造りという作業を行い、刀の形状を整えた。さらに焼刃《やきば》土《つち》を刀身の刃紋に塗って、焼きを入れる。焼刃土とは、木炭と耐火性の粘土、砥石《といし》の細粉を混ぜたものである。

こうして刀身が出来上がると、次に曲がりや反りなどを修正して、荒研《あらと》ぎを行う。最後に刀身の割れや傷の有無を確認し、作者銘などを入れて完成である。その後、装飾が施されたりする。

刀の産地は相模（神奈川県）、美濃《みの》（岐阜県）、山城《やましろ》（京都府）、大和《やまと》（奈良県）、備前《びぜん》（岡山県）などがあり、多くの名工が存在した。備前国の古備前《こびぜん》派、古一文字《こいちもんじ》派、福岡一文字派、山城国の粟田口《あわたぐち》派、大和国の千手院《せんじゅいん》派などがよく知られている。やがて、刀の切れ味だけでなく、拵《こしらえ》の装飾にも力が入ることになり、美しいものは美術工芸品としての価値も持った。刀は、戦国大名の間で贈答品としても重宝されたのである。

弓矢――鉄砲以前の主力飛び道具

弓とは弾力性のある木・竹などに弦を張って、つがえられている矢をその弾力を利用して飛ばす武器である。弓の起源をたどると、縄文時代以前にさかのぼることが可能であるという。弓矢は、原始時代から獣を狩猟するために使われた武器であった。その特徴は遠隔地から敵を狙い、仕留めることができる点にある。刀や槍のように、獲物（敵）に近づく必要性がなかったので、非常に重宝された。また、合戦だけではなく、儀式の際にも用いられた。

それゆえ弓矢は武士のたしなみとされ、流鏑馬《やぶさめ》などで技量を競い合った。馬上から正確に的を射るには、高度な熟練が要求された。

弓は形状や構造によって、いくつかの種類に分類できる。一種類の素材で作る単材弓、そして複数の素材を組み合わせた合成弓の二つである。長さでは、二・〇〜二・三メートルの長弓、あるいは一・二〜一・六メートルの短弓がある。むろん大きければ大きいほど威力が増し、戦国時代の弓の射程距離は約五十メートルであったといわれている。形状としては、弓がまっすぐな直弓、弓が彎曲《わんきょく》した彎弓がある。弓の素材となる木材は、当初はイヌガヤ、イヌマキ、クワなどだったが、のちにはアズサ、ケヤキも使用された。

平安時代中期頃、木と竹の合成の「伏竹弓《ふせだけゆみ》」（「継木《ままき》弓」）が作られた。それは、丸木削弓の外側に接着剤の鰾膠《にべ》（鮸《にべ》という魚の浮き袋から作る接着剤）で竹を張り付けた半彎弓だった。平安時代末期から鎌倉時代初期にかけて、竹を弓の腹側に張り付けた「三枚打《さんまいうち》（弓）」が出現する。室町時代以降、竹を弓の両側面にも張り付け、木を芯とする「四《し》方竹《ほうちく》（弓）」が開発された。このような創意工夫により、弓は矢を放つ強靭《きょうじん》な反発力を得た。

江戸時代までには、三〜五枚のひごを芯に通し、竹で内・外を挟んで両側面を木（櫨《はぜ》）とする「ひご入り弓」が登場する。そして、弓の独特の曲線によって、矢を放つ強力な反発力をいっそう発揮させたのである。弓は刀のように複雑な工程を経て製作するのでなく、素材も木や竹といった身近な素材だった。ただし、遠くの的を射るには技量が必要で、刀以上の鍛錬が必要だった。

矢の長さは、奈良から平安時代にかけては二尺三〜四寸（約七十一センチメートル）、鎌倉時代以降は二尺八〜九寸（約八十六センチメートル）と長くなった。矢が長くなった理由は、弓の強度が増すにつれ、より長い矢を射ることが可能になったからだ。矢の素材はシノダケなどが用いられ、羽根には鷲《わし》などの鳥の羽があしらわれた。矢の先端には鉄製の尖った鏃《やじり》が取り付けられたので、殺傷能力が高くなったといえる。鏃の形も先が尖っているものだけでなく、さまざまな形があった。

合戦が始まると、まず互いに矢を射かけるのが通例である。刀が接近戦で威力を発揮するのに対して、弓矢は遠くの敵を殺傷するのに効果的だった。鎧や兜は、それを防ぐために頑丈に作られていたのである。また、短い弓を使って、近距離から射る場合もあったようだ。こうした戦いに変化を与えたのが鉄砲の登場だ。

鉄砲の登場以後も、弓矢は用いられ続けた。徐々に鉄砲の性能が良くなると、同じ飛び道具の弓矢と比較して、さほど熟練を必要としなくなった。そのため、少しずつ弓矢は飛び道具としての地位を失い、やがて鉄砲に取って代わられるようになっていく。

槍――突き、払い、叩き……万能の武具

槍は木材の先端に鋭利な刃物を取り付け、敵を突き刺す武器である。日本における槍は、旧

石器時代頃から確認できる。しかし、武器としての登場は遅く、鎌倉時代末期頃から使用されるようになった。

文永《ぶんえい》十一年（一二七四）と弘安《こうあん》四年（一二八一）の二度の元寇《げんこう》で苦杯を嘗《な》めたことによって、わが国では接近戦で有効な武器が必要とされ、槍が出現したといわれている。実際に槍が活躍するのは、南北朝時代以降である。やがて、戦い方が歩兵戦になるにつれ、槍の有効性が徐々に認識されていった。応仁元年（一四六七）に「応仁・文明の乱」が始まると、足軽が槍を用いて戦場を席巻した。

なかでも肥後《ひご》（熊本県）の菊池《きくち》氏が用いた「菊池槍」は有名である。菊池氏は片刃の刀を長柄に差し、それを鍛冶《かじ》に命じて製作させたという。『太平記』には、菊池氏の部隊が箱根・竹の下（神奈川県箱根町）で足利直義《あしかがただよし》と戦った際、槍を用いて大勝利を収めたとある。以後、槍の有用性は高まったといわれている。

「応仁・文明の乱」以降、足軽部隊の活躍とともに槍は重要視された。越前《えちぜん》（福井県）の大名・朝倉孝景《あさくらたかかげ》は「朝倉孝景条々」のなかで、名刀を集めないように戒《いまし》めている。仮に、一万疋《びき》（現在の貨幣価値で約一千万円）の金があるならば、一本百疋（約十万円）の槍を百人の雑兵《ぞうひょう》に持たせるよう勧めている。一本の刀よりも、槍のほうが武器として優位であったことを示している。

槍の重要性を認識していたのは、美濃の戦国大名・斎藤道三《さいとうどうさん》も同じであった。道三は家の軒先に一文銭をぶら下げて揺らし、長さ約三メートルの竹の先に太い針を付け、銭の中央の穴を毎日数百回も突いたという。これにより道三の槍の技術は優れたものになり、主君の土岐《とき》氏を追放することに成功する。むろん単なる俗説に過ぎないかもしれないが、道三が槍を優れた武器と認識していたことを逸話に託したのだろう。

槍は、柄の部分に刀の部分の穂（身）を挿《さ》したものである。柄の部分はおおむね二・三メートルであったが、なかには長柄槍という四～六メートルのものもあった。一般的には、六～九尺（約一・八～二・七メートル）の短いものから（手槍）、二間《けん》（約三・六メートル）の長柄槍だったが、戦国時代に用いられた槍の長さは二間が主流といわれている。北条氏は二間半（約四・五メートル）の槍を用いていたが、のちに三間（約五・四メートル）にした。この長さは、武田氏の槍の長さと同じである。

穂は長さによって、次のように区分される。

①短穂槍――六～三十センチメートル。
②中穂槍――三十～六十センチメートル。
③大身槍――六十～九十センチメートル。

柄の部分は滑り止めとして、植物の繊維で巻いていた。柄の片方の突端には、石突《いしづき》（柄の端の地面を突く部分）が取り付けられていた。石突をしっかりと地面に固定していれば、突撃してくる馬に刺さっても、柄のしなりによって、立ったまま突き刺すよりもバランスを崩すことはなかったのだ。

穂先の形状もさまざまで、まっすぐな形をした直槍（素槍）、片方に鎌が付いた片鎌槍、両方に鎌が付いた両鎌槍などがある。なお、農民一揆《いっき》などでは、竹の先を斜めに切るだけの竹槍が用いられることもあった。

ただし、永禄九年（一五六六）に推定される北条氏照着到定書写《ちゃくとうさだめがき》（「武州文書《ぶしゅうもんじょ》」）によると、竹槍は不可だった。さまざまな事情で通常の槍を持参できない場合、竹槍を準備する将兵がいたのだろう。竹槍は殺傷能力が劣るので、認められなかったと考えられる。なお、普通の槍であっても、箔《はく》を押したものは不可だったが、その理由は不明である。

槍の使い方としては、むろん相手を突き刺すのが一般的だったが、それだけではなかった。たとえば、相手の隙を狙って足を払い、転んだところで止《とど》めを刺すという方法もあった。また、長柄槍の場合は、敵を突くだけではなく、上から叩く方法もあった。近世に成立した『雑兵物語』には、槍は突くよりも一同がタイミングを合わせて、上から叩き伏せるほうが効果的であると書かれている。

武田氏の場合は、槍の穂の下の部分に木槌（木の重しのようなもの）を付け、打撃能力を高めたといわれている。この場合も叩かれた相手が怯《ひる》んだ隙に、槍で突き刺すということになるのだろう。なかには木槌が当たり、大怪我《けが》をした者がいたかもしれない。

相手が馬に乗っている場合は、中段の構えから馬上の武者を突き刺す方法があった。馬の胸を突いて相手を落馬させ、止めを刺すということも行われた。フロイスの『日本史』には馬上の武者は馬を降りてから戦うと書かれているが、近年の研究では馬上で槍を振るった例もあるので一概にはいえないという。

敵に対しては、槍衾《やりぶすま》という構えを用いることがあった。槍衾とは、地面に長柄槍の石突をしっかりと固定させ、将兵が三段構えとなり、槍を敵の方向に向けるものである。敵は攻め込もうにも、たくさんの槍の穂先が向いているので、なかなか突撃ができなかった。いわば、槍によって敵を威嚇することになろう。

織田信長《のぶなが》は短い槍を用いて叩き合いをするのを見て、三間半に長くするよう命じたというどもは三間半の槍を持っていたと『信長公記』には書かれている。長い槍が戦いに有利である(『信長公記』)。事実、天文《てんぶん》二十二年（一五五三）頃に信長が斎藤道三に面会した際、従った者と、直感したからであろう。

ところが、現実的な問題として、三間半の槍は使いづらかったという。そもそも材料の樫《かし》や桜の木は重たく、まっすぐに加工するのは困難だった。おまけに長い槍は素材を確保するのも大変で、大量生産にも向かない。仮にうまく完成しても、重たくて長い槍を自由に扱うには、相当な訓練が必要だった。こうした長い槍を使う場合は、相手を刺すよりも、槍衾を作って敵を威嚇するか、上から叩き下ろすなどの戦法を用いていた。

つまり、三間半の槍を用いたのは、必ずしも全員ではなく、一部の優秀な将兵や信長の側近に限られた可能性が高い。斎藤氏との面会に際して、配下の者に三間半の長い槍を持たせたのは、示威的な意味が強かったと考えられる。おそらく、信長配下の多くの兵は、使いやすさを考慮して、従来通りの二間半の槍を用いていただろう。馬上で槍を振るう場合は、二間程度（約三・六メートル）が扱いやすかった。

刀より〝コスパ〟が良かった槍

槍が好まれたのは、ほかにも理由がある。刀の場合は、刀身の長さが約七十センチメートル前後である。これでは鉄を多量に用いる必要があるうえに、刃をかなり研がないことには切れ味が悪い。しかし、短穂槍ならば、鉄の量は刀よりも少ないうえに、基本的に刺すことで相手を殺傷するので、先端部分を中心に研ぐことが重要になる。つまり、刀より短いこともあって、作る作業も刀よりは楽である。ちなみに、柄の部分の木材は、村落や寺社が管理する山林から伐採《ばっさい》されたため、たびたびトラブルになった。

槍の使い方については、宝蔵院胤栄《ほうぞういんいんえい》が編み出した宝蔵院流槍術《そうじゅつ》などがあるが、実戦向きというよりも理論というべきものであろう。実際、槍を用いる際には、敵が鉄で覆った甲冑を着ている場合は無力であった。それゆえ、首、脇、腕の内側、腹、内股など甲冑の継ぎ目の部分を狙って刺さなくてはならない。道三が一文銭の穴を刺す訓練をしたのは、正確に弱点を狙うためであった。

戦国時代になると、鉄砲により遠隔から攻撃を仕掛け、槍部隊が突撃するというスタイルが一般的になった。鉄砲を扱うには多少の熟練を要したが、槍は戦いの経験が浅い者も扱いやすかったといえる。しかも、刀や鉄砲よりも、多くの生産が可能であったことも重要だ。それゆえ槍は、鎌倉末期以降、主要かつ効果的な武器になりえたと考えられる。

鉄砲――伝来の通説に疑問符

鉄砲(火縄銃)は、十五世紀末頃にヨーロッパで発明された。やがて鉄砲は日本にも伝わり、戦国時代における主要な武器としての地位を得た。『鉄砲記』によると、わが国に鉄砲がもたらされたのは天文十二年(一五四三)のことと書かれている。ポルトガル船が種子島《たねがしま》の門倉崎《かどくらざき》(鹿児島県南種子町《みなみたねちょう》)に漂着し、種子島時尭《ときたか》がこの技術を受け継ぎ広めたというのだ。これが現在の通説となっているが、近年はそうした通説に疑問が提示されている。

そもそも『鉄砲記』は慶長十一年(一六〇六)に成立したもので、種子島久時《ひさとき》(時尭の子)が父を顕彰《けんしょう》するために、禅僧の南浦文之《なんぽぶんし》に書かせたものである。史料の性質としては、問題なしとはいえない。ほかの史料についても似たようなもので、海外の史料なども同様の問題を抱えている。

通説への反論を挙げておくと、天文十二年以前に銃がすでに日本にもたらされていた可能性が指摘されている。それは、中国などで使われていた原始的な銃であったといわれている。また、種子島時堯が鉄砲を広めたという説も、今や疑問視されつつある。鹿児島県阿久根《あくね》市も、鉄砲伝来ルートの有力な候補といわれている。鉄砲伝来については史料の性質も相俟《あいま》って、今も論争が続いている。

鉄砲そのものは、台木（銃床）の上に筒（銃身）を乗せた構造になっており、引き金を引くと銃口から弾が発射される仕組みである。銃口の反対側は尾栓《びせん》といい、底を塞《ふさ》ぐ必要があった。種子島時堯は鍛冶の八板《やいた》金兵衛《きんべえ》清定《きよさだ》に鉄砲を作らせたが、どうしても尾栓の製作法がわからなかった。一計を案じた清定は、娘の若狭《わかさ》をポルトガル人に差し出し、その見返りに尾栓の作製方法を伝授されたと伝わる。

銃身は刀鍛冶が作り、銃床《じゅうしょう》は指物師《さしもの》（木工品の専門職人）が担当した。点火装置は、金具師が製作した。複数の職人の合作だったのだ。それに弾、火縄、火薬が必要であった。

もう少し詳しく書くと、鉄砲は黒色火薬と弾丸を銃口から込め、火縄の先を銃身の後ろの火門孔の点火薬につけて点火し、弾を発射させる。火縄銃の口径は、一般的に三匁《もんめ》筒（口径十二・三ミリメートル）、六匁筒（口径十五・八ミリメートル）、十匁筒（口径十八・七ミリメートル）などがあり、その直径と鉛の球弾の重量とであらわされる。

鉄砲の射程距離は、一般的に銃身長一メートルで約百五十メートルといわれ、最大では約一千メートルに達するという。戦場では、約三百メートルの射程距離から用いられたようだ。とはいえ、火縄銃の初速は遅く、実際にはせいぜい二百～三百メートルが射程距離で、さして殺傷能力が高くなかったともいわれている。

発砲の速度は一分間に一発程度なので、短時間で連射することは不可能である。命中精度は、三十メートルで直径五センチメートルの円的に当てることも可能だが、それはかなり落ち着いて集中しなければ難しかっただろう。命中した弾が体内に残った場合は、鉛の毒により死に至るケースもあった。

鉄砲は、刀、弓矢、槍以上に製造が大変だった。したがって、戦国時代における主な鉄砲の製作は、近江国友《おうみくにとも》（滋賀県長浜市）・日野（同日野町）、紀伊根来《きいねごろ》（和歌山県岩出《いわで》市）、和泉堺《いずみさかい》（大阪府堺市）といった、畿内および周辺を中心に鍛冶が盛んな場所で行われた。とりわけ国友は鉄砲製造の一大拠点として、織田信長、豊臣秀吉らの庇護《ひご》を受けたことで知られている。

信長の海外交易は鉄砲原材料確保のため？

鉄砲では、黒色火薬が用いられた。その成分は硝石《しょうせき》七十～八十五パーセント、硫黄《いおう》十～二十五パーセント、木炭五～十パーセントを配合したものである。硝石は中国で産出するが、日本では採れなかった。逆に硫黄は日本で産出するが、中国では採れない。そのため、中国産やインド産の硝石を大量に輸入していたのである。

鉄砲玉の原料となる鉛は国産のものもあったが、原材料は広くアジアに求められた。鉄砲玉の鉛は鉄砲の急速な普及により、国内だけでの生産が難しかったからである。中国、朝鮮産のほかタイ産のものもあったという。鉛の対価として用いられたのが、日本の銀である。したがって、黒色火薬や鉄砲玉の原料を確保するためには海外との交易が必要だったので、信長、秀吉は商都・堺を掌握したのである。

鉄砲を撃つときには、火縄が必要であった。火縄は湿気に強いこと、火が点《つ》きやすいこと、火持ちが良いことが重要な条件であった。火縄の素材もさまざまであり、次に示すような特性があった。
①木綿《もめん》・檜《ひのき》――湿っても乾かして使えるが、火持ちは悪い。
②竹――湿気には弱いが、火持ちが良い。
素材それぞれの特性を生かし、使い分けられたのかもしれない。

鉄砲を撃つには、それなりの訓練が必要だった。若き織田信長は、橋本一巴《はしもといっぱ》なる人物から鉄砲を学んだ。一巴の経歴などは不詳であるが、永禄元年（一五五八）七月に今川《いまがわ》方の林弥七郎という弓達者と戦い、壮絶な戦死をしたと記録されている（以上『信長公記』）。この時代には、鉄砲の指南役が存在していた。

永禄二年（一五五九）六月、将軍・足利義藤《よしふじ》（義輝《よしてる》）は病中の長尾《ながお》景虎《かげとら》（のちの上杉謙信《けんしん》）を見舞った。その際、義藤の使者は豊後《ぶんご》（大分県）の大友氏《おおとも》から献上された鉄砲と「鉄放薬方並調合次第」という文献を見舞いの品として持参した（「上杉家文書《もんじょ》」）。同書の内容は玉薬二種の成分配合比率などを記したもので、現存する最古の砲術伝書といわれている。こうして鉄砲の技術は、体系化されたのである。

鉄砲を制する者が天下を制す

鉄砲の登場後、その武器としての重要性が認識された。永禄十二年（一五六九）十月、武田信玄は市川《いちかわ》（河）新六郎《しんろくろう》に軍役を賦課した（「市河文書」）。そのなかで信玄は長柄槍、持槍を持参するよう求めているが、一方で弓と鉄砲が重要なので、長柄槍、持槍を省略してでも持参するよう要求した。そのほか、知行役の鉄砲が不足していること、然《しか》るべき放手（射手）を召し連れることを明記している。鉄砲は武器として重要だったが、数が不足していたことが判明する。

天正三年（一五七五）十二月、武田勝頼《かつより》は尾張《おわり》などに出陣すべく、信濃の小泉昌宗に条目を送った（「続錦雑誌」）。そこでは鉄砲の重要性が説かれ、長柄槍ではなく、鉄砲を撃つのがうまい者を選んで寄こすのが忠節であると伝えられた。また、鉄砲の鍛錬をしない者は不可とし、鉄砲改めで鍛錬しない者が判明した場合は、処罰するともある。実はこの年の五月、武田氏は「長篠の戦い」で織田・徳川連合軍に敗れた。盛んに鉄砲のことをいうのは、その影響が大きかったからだろうか。

不足しているのは、鉄砲の数だけではなかった。熟練した鉄砲衆をいち早く養成する必要があった。天文末年頃（十六世紀半ば）、すでに織田信長は数百挺《ちょう》規模の鉄砲衆を組織しており、早い段階で対応していた。薩摩《さつま》島津《しまづ》氏の家臣・上井《うわい》覚兼《かくけん》の『上井覚兼日記』の天正十一～十四年（一五八三～八六）の記事を見ると、手火矢《てびや》（鉄砲）衆や手火矢細工の記録を確認できる。九州の諸大名は鉄砲を早くから導入しており、熟練した鉄砲衆の育成や鉄砲の製造を充実させることが急務だった。

天正十二年（一五八四）十一月、北条氏政《うじまさ》は配下で鉄砲衆の宇津木《うつぎ》守久《もりひさ》に対して、鉄砲衆の扶持《ふち》を給与した（「宇津木文書」）。北条氏は鉄砲衆を整備しており、天正十三年（一五八五）九月には鉄砲衆に対して、上野国吾妻《あがつま》郡大戸（群馬県東吾妻町）への加勢を命じた（「後閑《ごかん》文書」）。指揮をするのは、鉢形《はちがた》城主の北条氏邦《うじくに》である。また、鉄砲衆は武士身分の者だけではなく、姓のない狩猟を主にしていた者まで組織されていた可能性がある（「北村文書」）。

慶長十二年（一六〇七）、上杉氏は「鉄砲稽古法度《はっと》之条」を定めた。これは、鉄砲の技術的なことだけでなく、心構えに至るまで、鉄砲の鍛錬の重要性を説いたものである。

では、戦国大名の鉄砲の整備率は、どのくらいだったのであろうか。実際、年代や拠《よ》るべき史料の問題もあり、正確な数字をはじき出すのはきわめて困難である。東国の場合、戦国大名の鉄砲装備率は約五～十パーセントと考えられている。ただ、鉄砲の原料が輸入に頼らざるを得なかったこと、鉄砲の産地が概して畿内および周辺に多いことを考慮すれば、国友や堺を支配下に収めた織田信長、豊臣秀吉が鉄砲を保有するのに有利だったのは想像に難くない。

戦国大名は鉄砲の数の確保だけでなく、熟練した鉄砲衆の養成と確保に力を入れていたことが判明する。

大砲——その圧倒的破壊力

天正年間になると、大砲（大筒）も戦争で用いられた。大砲は、十四世紀頃にアラビアで発明された。大砲は口径がおおむね二十ミリメートル以上のもので、二人以上で操作と運搬をしなくてはならないものをいう。ただし、口径については、三十ミリメートル以上、七十五ミリメートル以上などの諸説がある。日本の大砲が右の規格に当てはまるのか不明であるが、十六世紀中後半頃から用いられていた。

大筒タイプのものは、どうしても重たくなるため、移動には複数の人員が必要であった。また、発射のときは複数で役割分担をするなど、扱いが面倒であるとともに、暴発する危険性も高かった。

天正三年（一五七五）五月、筑前《ちくぜん》の大名・戸次《べっき》（立花《たちばな》）道雪《どうせつ》は、娘の誾千代《ぎんちよ》に財産を譲ったが、そのなかには「大鉄砲」十五挺と「小筒」一挺が含まれている（「立花文書」）。この「大鉄砲」

こそが大筒であり、大友氏から拝領したものだという。「小筒」とは、小型の鉄砲であろう。普通の鉄砲は武士に課せられた軍役なので、自ら準備をしなくてはならなかった。しかし、大筒は、大名が鋳物《いもの》師に作らせていたという。

天正十七年（一五八九）十二月、北条氏は大筒二十挺を山田二郎左衛門《やまだじろうざえもん》らに鋳造《ちゅうぞう》させた（「相州文書」）。山田氏は北条氏配下の鋳物師の棟梁《とうりょう》で、大筒製作の作業は山田氏からさらに各地の鋳物師に割り当てられた。北条氏が大筒（あるいは大鉄砲）を備えていたことは、各種の史料で確認することができる。

大砲は大型でもあり、製造には鉄砲より熟練を要したであろう。したがって、大砲を常備できた大名は、限られていたと考えられる。

天正六年（一五七八）六月、羽柴（豊臣）秀吉と別所長治《べっしょながはる》とが戦った「三木《みき》合戦」の際、丹《に》羽《わ》長秀《ながひで》の率いる軍勢が神吉《かんき》城（兵庫県加古川市）を攻撃した。その際、長秀らの軍勢は「大鉄砲を以《もっ》て打ち入れ」たという（『信長公記』）。これが決め手になったのか、翌月には城主の神吉民部少輔《みんぶのしょう》が討ち取られ、神吉城も落城した。

天正十四年（一五八六）、臼杵《うすき》城（大分県臼杵市）に籠《こも》る大友宗麟《そうりん》は、ポルトガル人から入手した「石火矢《いしびや》」（「国崩し」とも）を用い、攻撃してきた島津勢の撃退に成功したという。「石火矢」は青銅製（子砲は鉄製）で、城郭の石垣などを破壊するのに効果を発揮したという。

大筒は、幾多の戦争で威力を発揮した。文禄《ぶんろく》元年（一五九二）に始まる「文禄・慶長の役《えき》」

では、鉄砲に加えて大筒も朝鮮半島に持ち込まれた（「小早川《こばやかわ》家文書」）。

大筒がもっとも威力を発揮したのは、慶長十九年（一六一四）の「大坂冬の陣」においてだろう。「芝辻《しばつじ》砲」といわれる大筒は、全長約三・一三メートル、口径は九センチメートルもあった。有効射程距離は、約四百～五百メートル。台車に据《す》えるタイプもあったが、やや小型の「抱え大砲」なるものもあった。

このとき徳川方は大坂城に大筒を撃ち込み、城内の者は大いに動揺したという（『寛永《かんえい》諸家系図伝』など）。とりわけ徳川方との和睦に難色を示していた淀殿《よどどの》は、その威力に大いに驚いた。大筒の攻撃が決定打となり、徳川方と豊臣方は和睦したのである。

砲術で名を成したのが、稲富《いなとみ》流（一夢《いちむ》流とも）の稲富祐直《すけなお》（一夢）である。祐直の祖父・直《なお》時《とき》は、近江の佐々木《ささき》少輔《しょうふ》次郎《じろう》義国《よしくに》から直伝された銃砲術に自己の創意を加え、一流を成したという。当初、祐直は丹後《たんご》の一色満信《いっしきみつのぶ》に仕えていたが、滅亡後は羽柴（豊臣）秀吉の仲介により細川忠興《ほそかわただおき》に仕えた。その後、さらに松平忠吉《まつだいらただよし》や徳川義直《よしなお》に仕え、砲術の奥義を伝えたといわれている。

投石――シンプルながら効果絶大

もっとも素朴ながら、武器として有効だったのが投石である。中世では礫《つぶて》、飛礫《つぶて》、印地《いんじ》といい、暴徒化した集団や無頼の集団が喧嘩《けんか》や争乱時に武器とした。京都市中でも、投石による喧嘩や闘争が盛んに行われた。石は拾ってくるだけなので、わざわざ作る必要もないうえに費用もかからず、当たり所によっては殺傷能力が高かった。

「吉川《きっかわ》家文書」には、「応仁・文明の乱」において、石が当たって怪我をしたということを記録した「合戦太刀打注文」が残っている。「合戦太刀打」とは文字通り合戦における戦闘のことで、「注文」とは怪我を負った武将の名前や原因を列挙したものである。この時代の場合は、刀、弓矢、槍による怪我が多かったが、飛礫で怪我をした者も少なくない。戦国時代を通して、石は武器としての有用性が高かった。

当時は、刀、弓矢、槍などの武器が用いられ、鉄砲などの出現もあったが、投石は原始的ながらも武器の一つとして用いられた。石は路傍に転がっており、経費がかからなかったので重宝された、意外な武器だったのである。

「騎馬戦」は疑問?——馬の活用術

馬といえば、農耕だけではなく、戦闘時にも用いられていた。特に武将にとっては、武家が「弓馬の家」と形容されるように、馬を乗りこなす高度な技術が要求された。武将たちは馬を走らせながら、馬上から的を射る「流鏑馬《やぶさめ》」などで、乗馬と弓矢の技術の向上に努めたのだ。

そのような事情もあって、戦国大名は配下の者に馬術の鍛錬を奨励した。土佐《とさ》（高知県）の戦国大名・長宗我部《ちょうそかべ》氏が制定した『長宗我部氏掟書《おきてがき》』には、「第一に弓馬のことを心掛けよ」と記されているほどだ。弓と馬は、必ずセットであった。なお、親衛隊クラスの武士は、鎧を母衣《ほろ》で覆って出陣し、それが一つの格式となった（黄母衣衆など）。母衣には矢を防ぐ効果があったという。

ところで、戦国時代の馬とはどのようなものだったのか。現在、日本の競馬や乗馬で広く目にするのは、外来種のサラブレッドである。日本の馬の在来種は小型馬、中型馬であり、イメージとしてはポニーのような馬であった。ちなみに馬は、大変高価であった。

それゆえ、名馬を持つことは武士のステイタスであった。山内一豊《やまうちかずとよ》が「内助の功」で名馬（鏡栗毛《かがみくりげ》）を入手したのは、有名な逸話である。森長可《もりながよし》は伯楽として名高い道家《どうけ》弥三郎《やさぶろう》なる者に褒美《ほうび》を与え、馬の選定や調教をさせていたようだ。武田信虎《のぶとら》（信玄の父）の「鬼鹿毛《おにかげ》」、本多忠勝《ほんだただかつ》の「三国黒《みくにぐろ》」、柴田勝家《しばたかついえ》の「百里鹿毛」、前田慶次《まえだけいじ》の「松風《まつかぜ》」などは、名馬の誉《ほま》れが高い。特に、東北地方は名馬が多いとされている。

天正三年（一五七五）の「長篠の戦い」では、織田・徳川連合軍が三千挺の鉄砲の三段撃ちにより、武田の騎馬軍団を撃破したという。しかし、専門的な訓練を受けた騎馬軍団は、武田軍に存在しなかったとの指摘がある。つまり、当時の戦いでは下馬して戦うのが普通であり、それゆえ馬防柵《ばぼうさく》に体当たりしたことなどを否定しているのだ（第六章を参照）。また、馬は意外にも臆病な動物なので、その意味でも、馬防柵に体当たりしたことについては疑問が残る。

とはいえ、騎馬武者の活躍が決して否定されるものではない。騎馬は備《そなえ》（軍の隊列）の構成では重要視されており、「大坂の陣」では馬で将兵を蹴《け》り飛ばしたり、馬上で槍や刀を振るって戦った例がある。組織立った騎馬による戦術は疑問視されるが、個人が状況に応じて馬を活用したのは事実であり、今後さらに検討が必要だ。

戦国大名が活用した「水軍」の威力

「水軍《すいぐん》」は海賊とも称されるが、水上における武力として貴重な存在であった。そもそも水軍を率いる将は一個の独立した領主として、船の通行料を徴収するなどしていた。伊予《いよ》（愛媛県）の村上《むらかみ》水軍などはその代表といえよう。やがて、戦国の世になると、戦国大名は制海権を押さえるため水軍の力を必要とし、配下に編成するようになった。こうして自立性の高かった水軍は、戦国大名と協力関係を結び、配下に収まった。

戦国大名が他国へ侵攻する際、制海権を掌握することが重要であった。天正四、五年（一五七六、七七）、織田信長と大坂本願寺が戦った際、織田軍と毛利《もうり》軍の率いる水軍が大坂湾の木《き》津川《づがわ》口で激しい戦いを繰り広げた。理由は、木津川口が大坂本願寺に至る侵攻ルートであったため、互いに制海権を握りたかったのだ。同時に、侵攻ルートは兵站《へいたん》（武器や兵糧《ひょうろう》）などの搬入ルートにもなったので、いっそう重要だったのである。

水軍が主力の船としたのは、「安宅船《あたけぶね》」であった、長さが約三十メートル、幅が約十一メートルあり、母船のような役割をしていた。それより小型で、機動性に優れていたのが「関船《せきぶね》」である。関船よりもさらに小さく、少人数で俊敏に移動できたのが「小早《こはや》」である。小早は伝令や偵察など、補助的な任務に当たったったようである。

戦国初期の水軍の戦いは、熊手、藻外し、船槍、琴柱棒《ことじぼう》（刺股《さすまた》の異名）などの独特な武器を使用した。大きな安宅船の場合は、敵の船に体当たりすることも有効な方法であった。また、船から船に乗り移ったり、火矢を射たりするなどの戦法を用いていた。

やがて火器類が発達すると、鉄砲による射撃、焙烙《ほうろく》火矢が効果の高い武器となった。焙烙火矢とは紙製や陶器の玉に火薬や石を詰めたものを、導火線に火をつけて敵に発射する武器である。一般的にいえば、敵の船を燃やすのが、もっとも効果的な戦法であったといえる。

こうした弱点を克服しようとしたのが、「木津川口の戦い」において、信長が九鬼《くき》氏に命じて作らせた「鉄甲船《てっこうせん》」である（『多聞院《たもんいん》日記』など）。その実態については諸説あるが、薄い鉄を装甲として用い、銃弾などの被害を防いだと考えられている。当時の技術からいえば、鉄製の船とは考えられないだろう。

水軍といえば、脇役のように思えるが、「文禄・慶長の役」でも活躍したことから、改めてその存在が見直されている。大名にとって、欠かすことのできない戦力だったのだ。

城——要塞にして作戦本部

城は敵からの攻撃を防ぐ防御施設であるとともに、政庁としての性格を合わせて持っていた。そもそも武士は、居館を築き、周囲に柵や堀をめぐらしていた。やがて、山上に城を築き、柵や堀だけでなく、土塁なども築くようになった。その後、防御機能を高めるため、石垣を整備した。ただ、山上での生活は不便なので、居館はそれまでどおり山の麓《ふもと》に築き、平時はそこで生活していた。

城は大別して、山城《やまじろ》、平山城《ひらやまじろ》、平城《ひらじろ》に分類できる。山城は山地に築かれた城で、時代とともに変化が見られる。単郭式という山頂に主郭を置いただけのもの、尾根に副郭を階段状に並べ、土塁・空堀を構築し、山麓《さんろく》の居館まで連結させたものまである。戦国期の城の多くは、山城だった。やがて、城の主流は平地にある丘を利用して築いた平山城になり、江戸時代になると平野部に平城が築かれるようになった。

ごく簡単に城の紹介をしたが、城は単に峻厳《しゅんげん》な山などに築かれたわけではない。城を築く地形は非常に重要だった。城が四方から攻められるとまずいので、攻撃する方向が一つになる場所を選択するなど、十分に考え抜かれたものだった。また、近くに川がある場所など、籠城《ろうじょう》時に必要となる水の確保は必須だった。

地形だけでなく、立地も重要である。陸上交通では、主要な街道が通っている場所が重視された。さらに、河川交通も重要で、なかには海の近くに築かれた城もある。それは、物資を運ぶ流通路を確保することでもあり、経済圏の確立を意味した。こうして戦国大名は城下町を発展させるなどし、権力あるいは経済基盤を形成したのである。

戦争が勃発《ぼっぱつ》すると、城の周囲には敵や味方を問わず「付城《つけじろ》」という小さな砦が構築された。籠城側の付城は、防御のためのものである。攻撃する側の付城は、もちろん城攻めの拠点になったが、いろいろな役割があった。たとえば、付城は籠城側への情報伝達や兵糧搬入を阻止するため、街道沿いに構築されたのである。

付城は、後巻《うしろま》きへの備えにもなった。籠城側は援軍がやってくることで、攻撃側を追い払うことができた。後巻きとは籠城側の援軍であるが、複数の付城が要所に構築されると、容易に近づくことができなかった。また、本城を中心として、あらかじめ支城を各地に築城し、ネットワークを築くこともあった。

城の普請《ふしん》は、領民の役割だった。つまり、城は、大名権力の象徴だったともいえるわけである。

第三章

戦場の掟

——軍の「法律」と「統率」

軍令・軍法・禁制——大名家中の〝ルール〟

合戦時において、さまざまな決まりを定めた法令がある。代表的なものとして、「軍令」「軍法」「禁制」を取り上げることにしよう。最初に、それぞれの違いを述べる。

軍令とは、軍の命令や陣中での命令、あるいは軍事上の法令や刑罰を意味する。近代に至ると、作戦・用兵に関する統帥の意を含むようになった。一方の軍法は、戦争の方法・戦術・兵法に加え、軍隊の法律・軍隊の刑法・軍律の意味もある。戦国時代における軍法は、後者つまり軍隊の法律・軍隊の刑法・軍律の意味で使われることが多い。軍令と軍法は混同して用いられがちであるが、ほぼ同じ意味合いを持つ言葉と考えて差し支えなく、本章では「軍法」で統一する。

禁制とは、戦国大名などの権力者が禁止事項を列挙して公示した文書あるいは木札のことである。名称は禁制のほか、制札・定書《さだめがき》・掟書《おきてがき》などさまざまである。近世では高札《こうさつ》とも呼んだ。

時代劇や映画などで、町の辻《つじ》などに掲げられているものが該当する。

禁制の文書様式は多種多様であるが、中世後期からは下知状《げち》（命令を伝える文書）形式が多くなる。まず、冒頭は「禁制」という言葉で始まり、その下に禁制の及ぶ範囲（寺社や村落名など）を書く。次に、禁令内容を三～五ほど箇条書きし、最後に違反者に対する処罰文言で結ぶ。発給者あるいは奉者（奉書の場合）が花押《かおう》を据《す》える。

一般的に禁制は、交付される側（寺社や村落）の申請により交付された。村落や寺社は軍勢の乱暴狼藉《ろうぜき》などから逃れるため禁制の交付を戦国大名に依頼し、見返りに礼銭（手数料）を支払ったのである。これを「かばいの制札」という。

もちろん、右の説明はあくまで一般的なものに過ぎない。また、軍令・軍法・禁制に限らず、戦時に出された法令は、戦国大名によって実に多種多様である。以下、それぞれの具体例を見てみよう。

実例①　上杉氏の軍法

享禄《きょうろく》四年（一五三一）一月、越後《えちご》衆連判軍陣壁書が定められた（「上杉家《うえすぎけ》文書《もんじょ》」）。この壁書は色部《いろべ》、中条《なかじょう》氏らの越後衆が合戦時における注意事項を列挙したもので、七ヵ条にわたっている。本来の壁書とは、命令・布告また掟などを板や紙に書いて壁に貼り付けた掲示のことである。転じて、法令を意味するようになった。以下、内容を確認することにしよう。

①陣取り（陣を設営すること）や陣場（陣を置く場所）をめぐって争ったり、陣具（陣中で用いる軍用の器具）を奪い合うなどし、喧嘩《けんか》をしないこと。
②喧嘩・口論が起こったとき、仲間の知り合いと称して、加担しないこと。
③万が一、軽率な振る舞いがあったときは、古法によって沙汰をする。
④（無断で）陣払い（陣を引き払うこと）をしてはならない。もし陣払いを行うとしても、軍勢をことごとく引き上げるようにすること。
⑤陣取りのときは、軍勢が動きやすいように、道や陣場の前を広くとること。
⑥陣取りのときは、すぐに尺木《さかもぎ》を設け、野伏《のぶせり》などに用心を怠らないようにすること。
⑦陣取りのときは、具足《ぐそく》を脱ぎ置いて、油断してはならないこと。

①〜③は、陣取りなどで喧嘩・口論に及ばないよう注意を促したものである、⑤〜⑦までは、陣取りにおける、経験則に従った注意事項である。尺木とは逆茂木《さかもぎ》のことで、敵の侵入を防ぐために、鹿の角のようになった茨《いばら》の枝を逆立て、垣に結った防禦《ぼうぎょ》の柵である。喧嘩・口論に関しては、諸大名が頭を悩ましたところで、多くの軍法では禁止されている事項である。③の古法とは、上杉家における過去の処罰の事例ということになろう。

この軍法は比較的早い事例の一つであり、戦争時におけるさまざまな諸注意が列挙されている。

天文《てんぶん》二十四年（一五五五）十月、軍陣誓書が定められた（『石丸本文書集《いしまるぼんもんじょしゅう》』）。署名や花押を欠いているが、第一条目に景虎《かげとら》（謙信《けんしん》）と書かれているので、上杉謙信が発したものと考えてよいだろう。こちらは、五ヵ条から成っている。以下、内容を確認しておこう。

①景虎は何年も戦ってきたので、各々《おのおの》がどうであっても、私自身が唯一無二の掟である。私の前では、懸命に奔走《ほんそう》すること。
②陣中において喧嘩をしてはならない。もし喧嘩をしたならば、成敗する。
③備《そなえ》（軍の隊列）について細かい情報が寄せられたならば、正しく申し伝えること。
④行き先については、それがどこであろうとも戦いに専念して、景虎の考えのとおりに奔走すること。
⑤いったん合戦が終わり、その後重ねて出陣の要請があった場合、一騎だけでも馳《は》せ参じて奔走すること。

軍陣誓書とあるものの、軍法の一種と考えてよいだろう。最大の特徴は、家臣に景虎への忠誠を誓わせ、その指示に従うべき点を強調している点だ。②はこれまでにもあったものである。③は軍の隊列を正しく認識し、抜け駆け、先駆けの類を防ぐための条項と考えられる。後ろの隊列になった者が手柄を挙げるため、前の隊列に忍び込むことは珍しくなかった。④⑤は戦いになれば、有無をいわさず景虎の指示に従わせようとのことである。

ここまで忠誠を誓わせる例は珍しいが、景虎が上意に従わせるという軍隊の規律を重んじていたことが判明する。

実例②　今川氏の軍法

永禄《えいろく》二年（一五五九）三月、駿河《するが》（静岡県）の今川義元《いまがわよしもと》は以下のような戦陣定書を定めた（「松林寺文書」）。こちらは七ヵ条から成っており、これまでの軍法とは異なった条文も見られる。

①兵糧《ひょうろう》と馬飼料（馬の餌）は、着陣した日から与える。
②出陣の日にちには、間違いなく出発すること。奉行の指示を守ること。
③喧嘩口論に及んだ場合は、双方とも処罰すること。
④追立夫《おったてぶ》、押買《おしかい》、狼藉《ろうぜき》をしてはならないこと。
⑤奉公人が主《あるじ》に暇《いとま》を乞わず、新しい主に仕えた場合は、見付け次第に元の主に報告すること。その上で、元の主が必ず奉公人に暇を与えること。元の主に届けがあったのに、奉公人を逃がした場合は落ち度とする（無断で主を換えることを禁止する）。

⑥城を囲んで戦うとき、あらかじめ決めた戦法以外で戦うことを禁止する。
⑦出陣する際、前の陣または後ろの陣になるのかは、奉行の指示に従うこと。

③はこれまでにもあったので省略し、ほかの条文を解説することにしよう。①は、兵糧と馬飼料の支給を定めたものである。兵糧は持参が原則であるが、それはあくまで短期決戦か当座のものである。長期に及ぶと想定された場合などは、戦国大名が支給するのが普通だった。②は、説明を要しないだろう。

④の「追立夫」とは強制的に農民などを人夫に駆り出すこと（あるいは駆り出された者）で、押買とは不当に安い値段で物を強制的に買うことである。つまり、軍勢が出陣した際、町や村落で右の行為を禁止し、狼藉に及ばないよう命じたものである。

⑤は、奉公人が新しい主人に仕える際、今の主人に断りを入れておくという、当時の慣行を示している。実は、今川氏が制定した『今川仮名目録《かなもくろく》』五条に同様の条文が規定されているので、さらに徹底するという趣旨であろう。ただ、軍法にこうした規定があるのは、異色かもしれない。というのも、主従関係を軍法に規定することは、戦争と直接関係がないからである。

⑥⑦は、合戦時の指示に従うよう命じたものである。『今川仮名目録』の追加四条には、興味深い条文がある。出陣の際にほかの手の者に加わって軍功を挙げても、それは法度《はっと》に背くので、不忠の至りであると規定する。その場合は所領を没収し、所領がない場合は被官人（家臣）

を召し放つこととすると定めた。続けて、これは軍法の常の事なので、念のために載せておくと書かれている。

つまり、ほかの部隊に無断で加わり戦うことは、先駆けや抜け駆けと同じことであり、違法な手段で手柄を挙げることを防止しようとしたものである。こういうことを放置すると、秩序が乱れて敗北につながることがあった。

実例③　毛利氏の軍法

次に、西国に目を転じて、安芸《あき》毛利《もうり》氏の軍法を見ることにしよう。年月日不詳ながら、毛利元就《もとなり》が十一ヵ条にわたって制定した軍法がある（「毛利家文書」）。

まず一〜三条目には、毛利氏が重臣の福原貞俊《ふくはらさだとし》、志道元保《しじもとやす》、口羽通良《くちばみちよし》に対して、すべてのことを任せているので、その指示に従うよう命じている。もし少しでも命《めい》に背く者がいたら、緩怠《かんたい》（過失）であるとする。

六条目には忠節をする者も、比興《ひきょう》を構えた（みっともない真似《まね》をした）者も、この三人の重臣がありのままに承《うけたまわ》ると書かれているので、福原氏らは軍目付《いくさめつけ》としての役割を担ったことがわかる。

四条目は各自の心がはやって、軽率な振る舞いがあってはならないと述べる。また、作戦の指示に従わず行ったことは、軍功を挙げたとしても、忠節とは認められないという。つまり、規律を守り、指示通り戦うことが重要とされたのである。逆に、五条目は敵を見て恐れたり、荷物を放り出したり、一番に逃げ出した者は処分すると書かれている。勇敢でない者は、処罰の対象になったのだ。

七条目には「弓を射よ」と命じたのに射ない者は手落ちであるとし、八条目の「よく弓を射る者は忠節である」という規定と対比させている。

十条目には、奉行衆が書状をもって出陣を申し付けた衆に対しては、奉行衆が右の三人と日夜一緒にいて、三人が申し付けたことを諸人に伝えると書かれている。いずれにしても、福原氏ら三人の指示に従うように命じたものだ。この毛利氏の軍法は、三人の軍目付としての性格を明確に打ち出し、将兵にはその指示に従うこと、そして勇敢に戦うことを命じたものといえよう。

まるで生徒手帳？　城の見張り時に定められた細かな規則

戦国大名は城を守備するため、家臣らを在番《ざいばん》（見張りなどに従事すること）させた。甲斐《かい》（山梨県）の武田《たけだ》信玄《しんげん》は永禄二年（一五五九）四月、五ヵ条にわたる在番禁制を定めた（「諸州古文書」）。禁制とはあるが、これは冒頭で説明したものとは異なり、在番に際しての禁止事項を列挙したものである。したがって、禁制というネーミングではあるが、軍法の一種とみなして差し支えない。

①昼夜の番を怠らないこと。
②番所において、大きな声を出さないこと。
③楽（舞事）や雑談をしないこと。
④下女などに対して、戯言《ざれごと》をしないこと。
⑤歩行のとき、法度に背かないこと。

全般的に職務専念義務を説いたものになる。在番は退屈な仕事であったためか、油断して雑談などに興じることがあったのだろう。つまり、この規則には綱紀粛正《こうきしゅくせい》の意味があった。ただ残念ながら、⑤については意味がわからない。在番衆は戦争に備えて緊張しているのかと思いきや、実は舞楽に興じたり、下女にちょっかいを出すようなこともあったようだ。

永禄十二年（一五六九）四月、武田信玄は駿河《するが》久能《くのう》城（静岡市葵《あおい》区）の定書（久能在城衆、番手衆宛）を十ヵ条にわたって制定するが、こちらはさらに洗練された内容になっている（「森田完氏所蔵文書」）。

①城内の用心として、門城戸の番を昼三回、夜五回に改めること。

②諸城戸について、今日は酉《とり》の刻（十七〜十九時）に閉門し、翌日は辰巳《たつみ》（七〜十一時）の刻の間に開けること。
③人質衆を除き、当国（駿河）衆を城内に入れてはいけない。ただし、城内に小屋を作るものについては、一人ならば認める。
④毎日、板垣信頼《いたがきのぶより》が諸曲輪《くるわ》を巡検し、塀、築地《ついじ》、尺木（逆茂木）の破損部分を修繕すること。
⑤敵と戦っているとき、城外での防戦を禁止し、堀際で戦うこと。
⑥在城衆、番手衆は、みだりに城外に出かけることを禁止する。
⑦大酒を飲むことは禁止する。
⑧人質の見張りを疎《おろそ》かにしないこと。
⑨在城衆、番手衆の具足、甲、脛楯《はいだて》、弓、鉄砲、槍《やり》、小旗《こばた》、指物《さしもの》は、折に触れて点検すること。

①②については、開門、閉門の時間だけでなく、昼夜の見回りの回数を指定するなど、指示が細かくなっている。③は用心のため駿河衆の入城を禁止するが、小屋を作る者は一人まで許可している。小屋とは合戦に備えて、将兵が住む仮の陣営である。追伸として、小者一人のほかは、城中に入ることを禁止する旨が書かれている。

④は戦いに備えて、城の防御施設の点検と破損部分の修繕を命じている。⑨も武具の点検を求めるなど、戦いを意識した指示がなされている。

⑤は攻めてくる敵と城外で野戦に臨むよりも、城の堀近くで戦ったほうが有利ということになる。⑥〜⑧までは、心構えとして当然のことであろう。なお、追伸として、在城する者は二回の食事のほか、みだりに食べ物を口にすることを禁止すると書かれている。二回の食事とあるが、当時は三食制ではなかった。三食制が成立したのは、織豊《しょくほう》期から江戸時代初期にかけてであるといわれている。

同じ頃、信玄は同様の定書（穴山信君《あなやまのぶただ》〈梅雪《ばいせつ》〉宛）を発布しているが、若干内容に追加がある（「榊原《さかきばら》家所蔵文書」）。まず、他人の同心（下級武士）が被官になりたいと頼んでも、許してはならないとする。ただし、寄親《よりおや》や主人が納得したならば、信玄に承諾を得たうえで許すこととする。これは、今川氏の例と同じである。

また、穴山氏の直属の被官人以外の者が犯罪を犯した場合、信玄の許可を得ずして、無断で裁許を行ってはならないとある。穴山氏に認められたのは、自身の被官人に対する処分だけだった。一方、穴山氏には、盗賊、謀反《むほん》、殺害などの事件があった場合は、久能（静岡市葵区）の在城衆とよく相談し、武田氏の法度で裁許するよう求めている。駿河は武田氏の制圧下にあったので、武田氏の法が適用されたのである。

武田氏の在番の例を確認したが、軍法は時代を経て事例を積み重ね、より洗練された内容になっていることが判明する。

郷民からの支持につながった上杉氏の「掟書」

永禄三年（一五六〇）八月、長尾景虎（上杉謙信）は長尾氏らに対して、春日山城《かすがやま》（新潟県上越市）の留守中の掟書を与えた（「伊佐早文書《いさはや》」）。これは春日山城の留守を任せた家臣に対して、守るべきものを定めたもので、九ヵ条から成っている。冒頭では、留守をする者に職務の専念と軍役負担を命じ、自身が負担すべき軍役《ぐんやく》のほか、優れた将兵を多く集め、春日山城で務めを果たすことを命じている。二条目では、春日山城の普請《ふしん》に際して、抜かりがないよう指示をした。

三条目は諸郷の人足《にんそく》（荷物の運搬などに従事する労働者）を徴集する際、検見《けみ》の者（監察する役）一人に郷司小使（諸郷で細かい仕事に従事する者）を添えて、相触れることを定めている。これは上杉方の役人だけでなく、現地の人を活用することで、効率よく人足を集めるためだろう。四条目は、万が一不慮のこと（合戦など）が起こった場合は、頸城郡《くびき》（ただし、五十公郷《いぎみごう》を除く）の地下人《じげにん》（郷民）を春日山城へ入れることを命じている。当時、合戦が起こると、城は避難場所になった。その点を確認したのである。

五条目は、留守衆のなかにやる気のない者を発見したら、すぐに陣所に報告するよう求めている。六条目は各自でよく話し合って善悪を判断し、対処することと記されている。もし、覚悟がなく同心しないわがままな者がいたら、隠さずにその名を陣中に報告せよとある。つまり、この両条は、留守衆の一致団結を呼びかけたものになろう。

上杉氏の場合は、武田氏とは違った観点から、春日山城の留守衆に対して、細かな指示を与えていることがわかる。注目すべきは四条目で、上杉氏は地域を守るため、合戦時には城を避難場所として郷民に提供したことである。こうした配慮により、郷民は上杉氏を支持することになったと推測される。

就業規則のような北条氏の「定書」

北条《ほうじょう》氏の場合は、天正《てんしょう》三年（一五七五）三月に小曲輪の守備について定書を作成している（「相州文書」）。全部で七ヵ条にわたっているが、これまでの城の定書よりもかなり精緻《せいち》である。

①朝の開門に際しては、太鼓を六回打ち鳴らし、日の出を確認してから開門すること。夜は、入相《いりあい》の鐘（日没のとき、寺で勤行《ごんぎょう》の合図につき鳴らす鐘）を目印として立てること。この決まりに背いた者は、その曲輪の担当者を厳罰に処す。ただし、やむを得ない事情があった場合は、担当者が一同に申し合わせ、一筆をもって提出すること。また、日帳（日報）をつけ、帰陣のうえお目に掛けること。日帳を隠したり、脇からみだりに状況をうかがおうとしたならば処罰する。

②毎日の曲輪の掃除《そうじ》を欠かさず、また竹木を切ってはならない。
③病気などで将兵の数が不足する場所に手代（代理）を出すこと、あるいは書類を書く人の人数が不足した場合は、北条氏忠《うじただ》（氏康《うじやす》の子）に尋《たず》ねて、その考えに従うこと。
④夜中はいずれの役所においても、一日中寝ずして、交代で土井廻《まわり》の見回りをすること。ただし、裏土居の堀の裏へ上ると芝が痛むので、芝以外の部分を歩くこと。
⑤槍、弓、鉄砲をはじめ道具を役所に置き、具足、甲《かぶと》も然《しか》るべき場所に置くこと。
⑥番衆中で不逞《ふてい》の者がいた場合は容赦《ようしゃ》せず、それがたとえ主であっても、書状を糊付《のりづ》けして氏忠に報告すれば褒美《ほうび》を与える。もし褒美が出なかった場合は、北条氏康に目安をもって報告すれば、望みどおりに褒美を与える。
⑦日中は朝の五つ太鼓から八太鼓まで三時（六時間）、その曲輪から将兵の三分の一ずつ休息すること。七太鼓以前にことごとく曲輪に到着するように集まり、夜は然るべく詰めること。

①⑦は、曲輪の開門や将兵の勤務体制に関するものであるが、かなり厳密に決められていたことがわかる。②の曲輪の掃除はユニークな条文であるが、戦争時における清掃や整理整頓は当然のことだった。
③〜⑤は、曲輪における秩序維持に関わるものである。将兵などが不足した場合、曲輪の見回りが厳重に行われたことが判明する。⑥は将兵の綱紀粛正に関わることで、密告を奨励した

ことがうかがえる。全体的にシステマティックだったことが理解されよう。

〝抜け駆け厳禁！〟――「関ヶ原の戦い」における軍法

慶長《けいちょう》五年（一六〇〇）九月に「関ヶ原《せきがはら》の戦い」が勃発《ぼっぱつ》すると、軍法はより洗練されたものに変化を遂げる。同年七月、徳川家康《とくがわいえやす》は会津征討《あいづせいとう》時に十五ヵ条にわたる軍法を発した（「友部文書」）。

以下、内容を確認しておこう。

①喧嘩口論を固く禁じ、違反する者は理非を問わず、双方を成敗する。そのうえ、ある傍輩が知り合いの誼《よしみ》で加担した場合は、本人より重い罪なので必ず成敗する。もし加担した者を許すことがあれば、たとえ後日になってその事実を知ったとしても、その主人を処罰する。以上の条文は陣中における喧嘩口論の禁止を定めたものであり、一方に加担することすら禁じたものである。

②味方の地で、放火・濫妨《らんぼう》・狼藉を行う者は成敗する（付けたり。敵地において男女を乱取りしてはいけない）。

「乱取り」とは、戦場で物や人を掠奪《りゃくだつ》することであり、それは出陣した将兵らの得分のようなものだった。一種の軍事慣行だったが、この頃には好ましくないとの認識が浸透し、禁止されたのである。

③味方の地で、作毛（田畠《たはた》からの収穫物）の取り散し、田畠における陣取を禁止する。

味方の地とは、陣を置いた場所である。その付近での無断の作毛の刈り取り、陣取りを禁止したのである。村落や町、寺社で乱暴狼藉の行為を禁じたのは、同時に交付された禁制とセットだったことをうかがわせるが、この時点で家康が発給した禁制は確認できない。

④先手（先頭を進む部隊）に断ることなく、物見（敵情を探ったり見張りをしたりすること）を出すことを禁止する。

⑤先手を差し越えて出陣した場合、たとえ手柄を挙げても、軍法に背くので成敗する。

四条、五条の条文も将兵が手柄を立てるため隊列を乱し、むやみやたらに先手より前に出る行為を禁止したものである。先駆けは統率を乱す行為なので、もっとも忌避《きひ》された。ゆえに、五条目に該当する場合は、処分の対象になった。

⑥理由もないのに他の備《そなえ》（部隊）に交じる者がいたら、武具と馬を取り上げる。主人が異議申し立てをした場合は、ともに処罰する。ただし、必要がある限りにおいては、その備へ断ったうえで行き来してもよい。

この条文も四、五条目と関連しており、将兵が手柄を挙げるために、自分の備より前方の備に紛れ込むことを禁止したものである。前の備にいれば、当然、手柄を立てる率が高くなった。

⑦人数押《にんずおさえ》（部隊の編制や行軍）のとき、脇道の通行禁止を堅く申し付ける。もし、みだりに脇道を通る場合は成敗する。

内容は、行軍のときに脇道を通って前に出て、手柄を早く立てようとすることを禁止したものである。あからさまにほかの備に紛れ込むことを避け、密《ひそ》かに脇道から備の前に出ようとしたのだろう。

⑧諸事について、奉行の指図に違反した場合は成敗する。

⑨使者としてどのような人物が遣《つか》わされたとしても、その指示に背いたりしてはいけない。もし背くことがあれば、処罰する。

両条ともに、指示命令系統を守り、各自が好き勝手に判断してはいけないということになろう。九条目については、身分の低い者が使者として遣わされた場合、伝えられた命令を無視することがあったのかもしれない。

⑩持鑓《もちやり》（自分が所有する槍）は軍役とは別なので、長柄槍を差し置いて、持鑓を持たせることは禁止する。ただし、長柄槍のほかを持たせた場合は、主人の馬廻《うままわり》に専念すること。

この条文は装備の問題であり、長柄槍で統一を図ったのだろう。作戦上の問題があったのだろうか。長柄槍は、柄の長さが二間《けん》（約三・六メートル）以上あった。逆に、一般的な手槍は、柄の長さが九尺（約二・七メートル）しかなかった。

⑪馬が暴れることにより、怪我《けが》人が出たり隊列が乱れることを未然に防ぐこと。

⑫小荷駄押《こにだおし》（小荷駄奉行。兵糧、武具などを輸送する部隊の指揮をする役割）のことについて、あらかじめ触れたとおり、軍勢に混じらないよう堅く申し付ける。もしみだりに混じった場合は、成敗する。

こちらは、「小荷駄押」という兵站《へいたん》の担当を無断で外れ、手柄を立てるために軍勢に混じることを禁じたものである。役割分担を徹底し、統率を図るためである。

⑬諸商売の押買（買主が売主の意思に反して、威力で財物などを買い取ること）や狼藉を堅く禁止する。もし違反する者がいた場合は、発見次第に成敗する。

⑭下知なくして陣を引き払ったら、処罰する。

⑮陣中での人返しを一切禁止する。

十四条目は、無断で陣を引き払って撤退することの禁止であるが、これも統率を図る一環と考えてだろう。十五条目の人返しは、陣から逃亡した者を連れ戻すことを禁止したものであろうか。

このように家康は、自らが率いる軍勢の統制を図り、無断で行動することを厳しく禁止した。そのなかで特に重要なのは、抜け駆けの禁止だろう。この規定は、ほかの大名も必ず設けたものである。

「大坂の陣」――効果のなかった前田氏の軍法

慶長十九年(一六一四)から始まる「大坂の陣」においても、軍法は定められた。「関ヶ原の戦い」時と内容は重なるものが多く、もっとも重要なことは兵の統率である。手柄を挙げるため、後ろの備えから無断で前の備えに潜り込むことはもちろんのこと、抜け駆けは禁止されていた。軍法を定めたのは徳川家康だけでなく、「大坂の陣」に出陣した諸大名も制定した。加賀《かが》(石川県)の前田《まえだ》氏も例外ではない。

加賀前田氏と「大坂の陣」といえば、真田丸《さなだまる》の攻防が有名である。前田氏は真田信繁《のぶしげ》が籠《こも》る真田丸に攻撃を仕掛けたが、戦巧者の信繁に翻弄《ほんろう》され、敗北を喫してしまった。思いがけない前田氏の大敗だった。前田勢が敗北を喫した理由については、岡嶋大峰《おかじまひろたか》氏による重要な指摘がある(岡嶋:二〇一二)。以下、岡嶋氏の研究を参照しながら、敗北の原因を探ることにしよう。

前田家が軍制を整備し、はじめて合戦に臨んだのは、まさしく「大坂冬の陣・夏の陣」であったといわれている。前田家における身分秩序は、上から順に次のようになっていた。

①人持組《ひともちぐみ》――知行高数千石《ごく》~一万石以上の上級領主。
②平士(小将組・馬廻組)――知行高数百石~千石程度の藩士。
③与力・御歩《おかち》――御目見《おめみえ》以下の士分(侍の身分)。
④足軽・中間《ちゅうげん》・小者――軽輩。

①は、のちに組頭の家が固定され、「八家」と称されている。そして、前田家の軍制は、藩主のもとに平士（小将組・馬廻組）による旗本備が置かれ、人持組頭のもとに人持数名から成る備が置かれた。備とは、独立した軍事行動をとる集団の単位である。こうした前田家の軍制は、家老クラスの重臣が旗頭を務め、その下に組頭・番頭が置かれ、旗本数十名を配下に置く通常の軍制とは、明らかに異なっているという。

前田家では「大坂の陣」に際し、慶長十九年十月に「軍法定」を制定して、全軍の統率を図ろうとした。そのうち重要なものを列挙すると、次のようになろう（『三壺聞書《みつぼききがき》』）。

第一条――行軍や布陣で備の統制を守ること。
第四条――小姓・馬廻や後備の者は、先陣に紛れ込んではならないこと。
第五条――利常《としつね》の指示に従わなければ、手柄を立てても認められないこと。
第六条――諸事につき奉行人の指示に従うこと。
第七条――利常の使いの身分がいかなる者であっても、その指示に従うこと。
第十条――牢人衆《ろうにんしゅう》は、先陣に加わってはならないこと。

第一、五、六、七の各条は、指揮命令系統を確認したもので、特に藩主である前田利常の命令が絶対であることを強調している。また、第四、十の各条は、小姓・馬廻や後備の者、牢人衆が功名心から先陣に潜り込むことを防ごうとしたものである。こうしたことがあった場合は、当然統率が乱れ、戦いに悪影響を及ぼすのは明らかであった。

ところが、実際の戦いでは統率が取れなかったようである。そのことは、「大坂冬御陣後御不審御尋之事」に実情をうかがわせる事実が記録されている（『国事雑抄』上編）。この史料はタイトルが示すように、「大坂冬の陣」の敗北を聞き取り調査した結果を記したもので、史料の結びにあるとおり、親類・知音《ちいん》であっても贔屓《ひいき》偏頗《へんぱ》なく報告するものであるという。作成されたのは、「大坂冬の陣」の翌年のことであるが、内容的には問題ないといえよう。史料の内容は、次の四ヵ条になっている。

①陣替（陣所を移すこと）のとき、組頭の命令に従わず、先へ行こうとしたこと。
②鉄砲の者を連れ、撃たせなかったこと。
③退却するとき、鉄砲の者を召し連れ、首尾よく行かなかったこと。
④組の鉄砲頭が先へ出ようとしたとき、正確な戦いの状況が伝わらなかったこと。

①を見るとわかるように、すでに陣替の段階で指揮命令系統が混乱しており、功を焦った将兵らが先駆けをした様子がうかがえる。そうした状況のため、鉄砲部隊をうまく活用できず、また退却の際も同様であったようだ。④のとおり、鉄砲部隊が前に出たときは、すでに混乱が

最高潮に達しており、情報が正しく伝わらなかったようである。

これを裏付けるように、「菅家見聞集《かんけけんぶんしゅう》」「長氏家記《ちょうしかき》」「西尾隼人《にしおはやと》肉書の家記」など前田家家臣の史料によると、家臣団が競うようにして、真田丸になだれ込んだ様子がうかがえる（『越登賀三州志』）。これらの史料は後世に成ったもので、一般的な軍功を強調する傾向があるのだが、逆のことを書いているゆえにかえって高い信憑性《しんぴょう》があるのではないだろうか。

ちなみに同年十二月十五日付の島津《しまづ》家久《いえひさ》書状（島津惟新《いしん》〈義弘《よしひろ》〉宛）には、前田家の軍勢が無理に突撃したものの、あとの者どもが続かなかったため、攻め込んだ者たちはそのまま戦死を遂げ、怪我をした者は堀の側で倒れていたが、味方が救出するわけでもなく、敵が討《う》ち取るわけでもなかった、と記している。つまり、前田家の無理な攻撃が仇《あだ》になったことは、敵味方問わず周知の事実であったといえよう。

したがって、前田家が敗北した要因としては、あらかじめ指揮命令系統を周知したものの、それがまったく生かされなかったということにある。前田家の敗北の要因は、軍法違反だったといえる。

〝お上〟からではなく、住民の要請で出された「禁制」

禁制は制札などともいい、平時だけでなく戦争時にも寺社や村落に交付された。制札の研究に関しては、すでに多くの蓄積がある。とりわけ峰岸純夫《みねぎしすみお》氏による整理がもっとも優れている。制札について峰岸氏は、次のように述べている（峰岸：一九八九）。

「制札」に代表させた文書には、他に高札・禁制、掟書・定書などさまざまの名称がある。この文書は、大名などの権力が、寺社・郷村・宿町などに宛てて発給し、ある特定の行為の禁止を布達することで、それらを保護しようとしたものである。

制札の説明は、ほとんどこれに尽きているといっても過言ではない。そして、峰岸氏は制札の授受過程や機能について、次のように指摘している。

①制札は上から一方的に与えられるのでなく、必要とする者の要請によって下付される。下付に際しては、礼銭（手数料）の献上が必要である。これを「かばいの禁制」という。
②制札には領主が領内に下付するものも多いが、敵方である侵攻軍の大将から発給される場合もある。この制札は、軍勢の「乱暴狼藉」を抑止するのに一定の効果を有した。
③制札が存在することをもって、その軍隊が駐留したことを意味しない。制札の取得は、軍勢の到着を予想しての行為である。

このあと峰岸氏は、制札に用いられた木材の材質にまで論及しており、多様な視角から考察を行っている。右の指摘により、本章で取り上げる禁制も広い範疇《はんちゅう》で制札になっていることがわかる。

ところで、高木昭作《たかぎしょうさく》氏は、禁制発給の意義について次のような主旨の説を述べている（高木：一九八七）。それは、敵地の郷村や寺内に対する禁制発給のためには、平和合法的に兵糧《ひょうろう》や合戦に必要な物資を調達しうる軍隊の成立が必要であるということである。いずれの禁制にも、必ず軍勢による乱暴狼藉の項目が掲げられており、禁制発給の一番の目的であったのは明らかであるというのだ。

峰岸氏の指摘に戻ろう。氏は、①で礼銭が必要であると書いているが、名称は制札銭などさまざまであり、そのほかに手数料が徴収されることがあった。

天正十年（一五八二）三月、織田信長《おだのぶなが》が甲斐武田氏を滅亡に追い込んだ際、信州の南方村に禁制を交付した（「滝沢文書」）。その三条目では、非分の課役を禁止するとともに、付けたりとして「御判銭《ごはんせん》・取次銭《とりつぎせん》・筆耕《ひっこう》」などの徴収の禁止を挙げている。

御判銭とは、禁制そのものの代金を意味する。取次銭とは、禁制発給を取り継いだ者への謝金である。筆耕とは、禁制の執筆料であろう。つまり、信長は禁制の発給に関する、一切の礼銭を禁止したのである。これは非常に珍しい取り決めで、ほかにはあまり見られないものである。

禁制の実態――〝テンプレート〟があった？

では、実際に禁制を読んでみることにしよう（読み下し）。

作州内高野村
禁制　　　　　　牧佐介

一　軍勢濫妨狼藉の事、
一　放火の事、
一　田畠を刈り取る事、付　地下人《じげにん》に対し、謂《い》れぬ族《やから》申し懸く事、
右の條々堅く停止《ちょうじ》せしめ訖《おわんぬ》、もし違犯《いぼん》の輩これあらば、速やかに厳科に処すべきもの也《なり》、仍《より》て下知件《くだん》のごとし、
天正拾年三月　日　　　　秀吉（花押）

この史料は、羽柴《はしば》（豊臣《とよとみ》）秀吉《ひでよし》から、現在の津山市にあたる高野村に発給された禁制で、備《びっ》中《ちゅう》高松城《たかまつ》（岡山市北区）攻撃の際に発給されたものである（「牧家文書」）。一条目では、当該地域における軍勢の濫妨狼藉を禁止している。通常、「軍勢」という言葉の前には、「当手」という文言のあることが多い。「当手」には、「当方。わが方。味方の軍勢。わが軍勢」という意

味がある。この禁制には「当手」という文言がないので、秀吉以外の軍勢（この場合は毛利方）を含んでいるのだろう。

二条目では、放火を禁止している。最後の三条目では、田畠の刈り取りを禁止しているが、生育中の稲などの農作物を刈り取ることはよくある作戦だった。付けたりとして、地下人《じげにん》（郷民）に対して、その土地に関係のない連中が申し懸ける（言い掛かりをつける）ことが禁止された。この禁を犯す者があれば、対象者は厳科に処すると結ばれている。

高野村の牧氏は、この禁制を軍勢に見せることにより、さまざまな難から逃れることができたのである。この禁制はオーソドックスなものであるが、ほかに軍勢の陣取りの禁止、竹木の伐採を禁止する文言もよく見られる。当時、竹木は燃料（炭）の原料のほか、建築資材になったので重要だった。戦争になると、諸大名は陣地を構築するため無断で伐採しようとしたのである。また、兵糧米や矢銭《やせん》（戦争を行うための費用）を村落などに賦課《ふか》することもあったので、それらも禁止事項として挙げることが多い。

村落などは、禁制の交付を敵対する両勢力に願ったこともあった。「大坂の陣」では、摂津《せっつ》や河内《かわち》の村落が徳川方と豊臣方から禁制を与えられた例が確認できる。村落は片方の禁制だけでは心もとないので、敵対する両勢力から禁制を獲得し、両方の軍勢の濫妨狼藉から免れようとしたのである。

ところで、備中高松城の攻防時における伊部村（岡山県備前市《びぜん》）には、高野村のものとは異なった形式で、秀吉の禁制が発給されている（『黄薇古簡集《きびこかんしゅう》』）。これまで見てきた禁制は箇条書きだったが、その点も相違している。次に掲出しよう。

当所伊部村之事、陣執相除候、然上者彼在所へ出入一切令停止訖、若違犯之族於在之者、速可処厳科者也、仍如件、

天正拾年三月　日　　秀吉（花押）

これまでの禁制がすべて箇条書きの同文で大量発給されたのに対し、この史料は軍勢による陣取りと出入りを禁止したものである。以上の二つに関しては、高野村に秀吉が与えた禁制にはなかった内容である。なぜ、このようなことが起こるのだろうか。

大名が禁制を発給する場合、あらかじめ同じ文面のものを大量に用意しておき、先に花押も記入していた。そして、あとは担当者が「禁制」の文言の下に村落や寺社の名称を書き込むだけにしていることが多い。したがって、本文の文字と後から書き込んだ村落や寺社の名称の文字は、字体が異なっていることも珍しくない。つまり、今でいうところの「雛型《ひながた》」あるいは「テンプレート」のようなものを大量に準備しておくことで、省力化を図ったのである。

ところが、各村落や寺社によって、事情は異なっていたのだろう。実は、伊部村には高野村宛の禁制と同文の禁制が発給されていたが、先に述べたとおり、そこには陣取りの項目はない。

秀吉は伊部村に駐留していたといわれているので（「来住《きし》家文書《ゅ》」）、秀吉軍の陣取りを恐れた伊部村では、別途、陣取りと軍勢の出入り禁止の禁制を要請したと考えられる。禁制は一律に同文の者が発給されることが多かったが。村落や寺社の要望によっては、文面を書き換えていたのである。

禁制発行の礼金を〝踏み倒し〟

天正十年六月、秀吉は水攻めにした備中高松城を降伏させ、その足で主君である織田信長を死に追い込んだ明智光秀《あけちみつひで》を「山崎の戦い」で討伐《とうばつ》した。同月、吉備津《きびつ》神社（岡山市北区）の賀陽《かや》家職《いえもと》は秀吉に書状を送り、その勝利を称《たた》えるとともに武運長久と天下安全を願っている（「吉備津神社文書」。以下の記述も同文書による）。同社は秀吉の禁制を得ており、また栄達を遂げた点にも配慮して書状を送ったのであろう。

こうした経緯にもかかわらず、神社側が秀吉に「御判銭」を納入しなかったという史料を確認することができる。

この史料によると、宮内惣中（宮内の惣村）では未《いま》だ禁制発給に伴う対価である御判銭を納入しておらず、たびたびの督促《とくそく》にも応じていなかったことがわかる。そこで、秀吉配下の増田《ました》長盛《ながもり》らは、早々に銀子十枚を御判銭として持参するように命じているのである。通常は御判銭納入後に禁制が発給されるものだが、この吉備津神社のケースでは、禁制の交付が御判銭との引き換えではなかったようである。

督促を重ねても、御判銭問題は一向に解決しなかったようである。翌年十一月、原田直次《はらだなおつぐ》らは秀吉の「御判形銭」として銀十枚を改めて吉備津神社に請求した。ここまで請求に応じなかった理由は判然としないが、秀吉サイドでは納入するまで請求し続けたのである。同月、原田直次は吉備津神社と個別交渉に臨んでいるが、まだこの段階では完済されていない。結局、吉備津神社が御判銭を収めたか否《いな》かは不明である。

なお、小林清治《こばやしせいじ》氏の研究によると、吉備津神社が請求された制札銭の銀子十枚(現在の貨幣価値に換算すると、約百万円)というのはあまりに高額であると指摘されている(小林:一九九四)。天正十八年(一五九〇)八月日豊臣秀吉朱印状(「本光寺文書」)によると、次のような基準になっている。

①上之所――永楽銭・三貫二百文。
②中之所――永楽銭・二貫二百文。
③下之所――永楽銭・一貫二百文。

禁制にはランクがあったようで、①の場合は、現在の貨幣価値に換算すると、約三十二万円。②は二十二万円、③は十二万円である。

備中高松城で戦争が起こると考えた吉備津神社も出費は覚悟していたはずである。しかしこのときは、あわてて禁制の発給を願ったと考えられる。そうした事情もあってか、金銭と引き換えの禁制交付ができなかったのだろう。そして、戦後、秀吉方から御判銭を請求されたものの、あまりの高額さに音《ね》を上げた吉備津神社が支払いを渋ったのだろう。

このようなケースは例外的であり、禁制には金銭の負担が生じるとはいえ、軍勢の濫妨狼藉を抑止する効果はたしかにあったから、寺社や村落は禁制の発行を申請したのである。

第四章
兵糧の確保
——勝敗を決する「兵站戦」

〝腹が減っては戦ができぬ〟――兵糧が勝敗を分ける

「兵糧《ひょうろう》」とは、戦争時に将兵に給する糧食、兵食のことである。なお、兵糧は史料によって「兵粮」とも書くが、本書では基本的に「兵糧」で統一する（ただし、史料記載分を除く）。昔から「腹が減っては戦《いくさ》ができぬ」といわれてきたが、戦争時に兵糧が切れてしまうことは、そのまま敗北を意味したといっても過言ではない。

源平が覇を競った「治承《じしょう》・寿永《じゅえい》の内乱」時において、すでに兵糧の問題が起こっていた。寿《じゅ》永《えい》四年（一一八五）二月十三日、源《みなもとのよりとも》頼朝の命《めい》によって西国に出陣した弟の範頼《のりより》は、兵糧が欠乏したため、安芸《あき》に退くとの一報を頼朝に送った（『吾妻鏡《あづまかがみ》』）。当時、長期遠征はあまり行われなかったので、範頼は兵糧の調達に苦労したのだろう。

そのような苦い経験が影響したのか、同年十一月二十九日に頼朝が朝廷に対して、守護《しゅご》・地《じ》頭《とう》を諸国に置くことを申し出た際、公田《くでん》や荘園を問わず、戦争に備えて兵糧米を課すことを提案した。これにより、一反別五升の兵糧米を徴収することになったが、負担に対する抵抗もあり、翌年には中止となった。しかし、その後も戦争のたびに兵糧米が随時賦課《ふか》され、南北朝以降もその慣例を踏襲することになる。

南北朝時代に至っては、各地に「兵粮料所」が設定された。兵粮料所とは、室町幕府が軍勢発向に伴い、諸国の本所領の年貢を一年に限り、兵糧米に充《あ》てるよう指定した所領のことである。その負担率は年貢の半分を充てることが多かったが、三分の一のケースもあった。観応《かんのう》三年（一三五二）七月、幕府は近江《おうみ》（滋賀県）、美濃《みの》（岐阜県）、尾張《おわり》（愛知県）の三ヵ国の本所領年貢の半分を兵粮料所として、配下の軍勢に預け置くよう守護に命じた。翌八月には伊勢《いせ》・志摩《しま》・伊賀《いが》（三重県）、和泉《いずみ》・河内《かわち》（大阪府）の五ヵ国を加え、少しずつ対象国を拡大していったのである。

その後、各国守護は以前のように朝廷からの承認を得ず、軍費調達、恩賞給与を口実として兵粮料所を濫設《らんせつ》するようになった。そのため配下の武士、領主層は、荘園、公領を侵略するようになり、大きな問題となったのである。

このように、すでに平安末期の源平争乱時から、戦争時における兵糧調達の重要性は認識されており、戦国時代に至っても課題として残ったのである。

食糧は〝自前〟か？　〝支給〟か？

すでに少し触れたところだが、出陣する将兵は保存が利く携行食である腰兵糧を持参していた。これまで、兵糧は将兵の自弁であると考えられてきたが、長期戦の場合は、自弁ですべて足りるだけの兵糧の準備ができたのかという疑問が残る。自弁の腰兵糧は当座をしのぐだけの分にすぎず、それ以外の兵糧は大名側が用意したと考えるべきだろう。

永禄《えいろく》七年（一五六四）一月、国府台《こうのだい》（千葉県市川市）で北条氏康《ほうじょううじやす》と里見《さとみ》義弘《よしひろ》が戦い、北条氏が勝利した。この戦いでは、兵糧に絡む問題が生じていた。

少し経緯を確認しておこう。里見氏は岩付《いわつき》（さいたま市岩槻《いわつき》区）に本拠を持つ太田《おおた》資正《すけまさ》、江戸（東京都千代田区）の太田康資《やすすけ》と協力し、北条氏に対抗しようとしていた。そこで同年一月、北条氏は里見氏らとの戦いを控え、家臣の西原《にしはら》氏と秩父《ちちぶ》氏に書状を送り、出陣の準備を命じたのである（「西原文書《もんじょ》」）。以下、氏康の書状の内容を確認しておこう。

里見氏は五、六百騎で市川（千葉県市川市）に陣を取り、岩付に兵糧を送った。ここで「ねたん（値段）問答」があり、「指摭《しりょ》」したという。値段問答とは、里見氏が商人と兵糧の値段を交渉したことを示す。「指摭」は「ことがなかなか進まないこと」と解され、価格交渉が円滑に進んでいないことを意味するという。つまり、里見氏は商人から兵糧を買い取り、岩付に送ろうとしたが、うまく行っていなかったのである。

そこで、北条氏はこの機会に里見氏を討《う》ち取ろうと考え、江戸衆の高城《たかぎ》氏以下に出陣を申し伝えた。そして、西原氏らには、明日の一月五日の昼までに具足《ぐそく》に腰兵糧を付け、乗馬で市川に出陣するように命じたのである。その続きに「兵粮調《ととの》えなき候者、当地にて借るべく候」と書かれている。これは「兵糧の準備ができない者については、市川で借りるように」と解釈されている。続けて「もともと三日の予定なので、陣夫《じんぷ》は一人も召し連れない」とあるのは、短期決戦を考えていたからに違いない。

つまり、腰兵糧を持参するのは、出陣する者の最低条件であった。北条氏は急な出陣要請だったので、持参できない者には、現地で貸すということにしたのだろう。おそらく戦いが長期に及べば、北条氏が兵糧を支給したと考えられる。

なお、今川《いまがわ》氏の場合、兵糧は着陣の日に支給されていた（「松林寺文書」）。また、武田《たけだ》氏のケースでは、兵糧、武具、着替以外の無用な荷物の持参を禁止していた（「岡崎文書」）。大名によって対応がさまざまなので興味深い。

これまで兵糧は出陣する将兵の自弁と指摘されてきたが、必ずしもそうとはいえないことが明らかになった例である。

永禄十二年（一五六九）十二月、北条氏は相模磯部《さがみいそべ》（神奈川県相模原市）の小代官・名主に「人改定書《ひとあらためさだめがき》」を送った（「浅間《せんげん》神社文書」）。「人改」とは、住民の戸籍調査のようなものであるから、それを命じる調査票を送ったということになろう。北条氏は武田氏との戦いを前にして軍勢が不足していたので、相模磯部の住人に助けを求めた。つまり、留守を預かる兵力が不足しているので、住人に最寄りの城へ詰めることを依頼したのである。このとき北条氏は、在城の間は兵糧を与えると申し出た。不足した将兵の徴発を依頼する特殊な例であるが、兵糧は自弁ではなく支給していたのである。

永禄十三年(一五七〇)二月にも、北条氏は領民を徴発すべく、今泉郷の名主・小林氏に命じている(「清水淳三氏所蔵文書」)。北条氏は戦争に備えて人改を行い、出陣の要請を求めようとした。その際、望みに応じて恩賞を与えること、そして出陣の際は兵糧を与えるとしている。この兵糧が将兵が持参すべき腰兵糧だけを指しているのか、それとも戦争中を通じて支給する兵糧を指しているのかはわからないが、いずれにしても出陣に際して、恩賞と同時に兵糧を条件としているのが興味深い。

天正《てんしょう》九年(一五八一)七月、羽柴《はしば》(豊臣《とよとみ》)秀吉《ひでよし》は豊池孫次郎《とよいけまごじろう》に定書を送った(「三州寺社古文書」)。定書は全部で五ヵ条にわたっており、その一条目には「七月二十二日から兵糧を支給するので、刈田《かりた》(生育中の稲を刈り取ること)を一切やめること。これ以後、青稲で陣屋を葺《ふ》いた場合は、罪科に処する」と書かれている。その追伸部分には、「稲の類を刈る者を討ち捨てるよう申し付ける」とある。この段階では稲は生育中なので、食用には適さないと思えるが、文意としては稲を食用にしていたかのように読める。

天正十年(一五八二)三月、織田信長《おだのぶなが》は甲斐《かい》(山梨県)の武田氏討伐《とうばつ》後、将兵に扶持米《ふちまい》を与えた（『信長公記《しんちょうこうき》』）。信長は出陣した将兵が兵糧などで困っただろうと考え、配下の菅屋長頼《すがやながより》を奉行とし、信濃深志《しなのふかし》（長野県松本市）で扶持米を渡したのである。この場合は、将兵が自弁した兵糧の補塡《ほてん》として、扶持米を与えたと考えられる。扶持米を支給することで、信長は求心力や将兵の戦いへのモチベーションを高めようとしたのだろう。

兵糧の準備については、史料によってさまざまであり、大名によっても違ったのかもしれない。ただ、将兵は心得として、当座に備えて腰兵糧を持参したのはたしかである。大名側も求めていた。一方で長期戦になると、将兵が個人で兵糧を準備するのは困難で、大名が準備しなくてはならなかった。そうでなければ戦線を維持できず、敗北は必至だった。兵糧が不足した際、将兵は村落に兵糧米を私的に課すか、あるいは強奪という手段に出た。だが、それでは秩序を維持できないので、やはり大名による兵糧米の支給は必要だったのだ。

兵糧調達の工夫と苦労

戦争では兵糧は必要不可欠なものであるから、戦時はもちろんのこと、平時であってもいざというときのために城内に備蓄しておく必要があった。天正三年（一五七五）三月、北条氏邦《うじくに》は逸見《へんみ》氏に対して、四ヵ条にわたる永代法度《えいたいはっと》を与えた（「逸見文書」）。内容は来《きた》るべき戦争に対する心得で、一条目は次のとおり兵糧に関するものである。

今年、改めて申し上げる。なんとしてでも兵糧を準備しておき、籠城《ろうじょう》戦が続くよう心得ること。そのときになって市場で兵糧を買うなどし、その日その日をやり過ごすことは固く禁止する。あらかじめ兵糧は支度しておき、寄親《よりおや》（主従関係を結んだ者を親子関係に擬し、その主をいう）の蔵へ入れ、預け置くこと。

この条文は籠城戦を意識したものであるが、日常的な兵糧の備蓄の重要性をも説いたものである。まかり間違っても市場などで買ってはならないというのは、急なことでは必要な分が買えなかったり、値段の折り合いがつかない可能性があるからだろう。それゆえ、常に兵糧のことを心に留めておかなくてはならなかったのだ。また、この場合は大名の蔵でなく、寄親の蔵にも分散して兵糧が保管されていたことがわかる。

大名にもよるかもしれないが、城には城領が設定され、そこから城米を徴収していた。城米は城を維持管理するためのもので、兵糧米にも充当されたと考えられる。

先の北条氏邦の法度は、場当たり的な兵糧の購入を戒《いまし》めるものだったが、それは裏返せば兵糧は売買されることがあった事実を示すものでもある。実際問題としては領内の徴収だけでは兵糧の調達が十分ではない場合もあり、不足すれば御用商人などから買うこともあった。天正六年（一五七八）八月、北条氏の家臣・上田《うえだ》長則《ながのり》は松山根小屋の足軽《あしがる》衆、本郷宿中に兵糧・飼料の定書を送った（「武州文書」）。なお、松山は現在の東松山市、本郷は埼玉県入間郡毛呂山《もろやま》町である。以下、定書の内容を確認しておこう。

茂呂の陣から来る兵粮、馬の飼料は、ほかの者が「買いたい」とどのような手引きを頼っても、一駄（馬一頭に背負わせられる荷物）は言うに及ばず、一俵あるいはその範囲であっても売ってはならない。もし売った場合は、売った者の荷馬を取り上げること。

このあとに続け、松山根小屋の足軽衆に対して見回りを命じている。戦争になると、兵糧が不足することもあった。上田氏は敵に兵糧が渡らないよう、決して売ってはならないと厳命しているのだ。そのために監視を強化していた。北条氏が兵糧を備蓄するよう求めたのは、敵に兵糧が渡るという事態が想定されたからだろう。そのような事情から、戦争が間近になった場合は、米の流通にも制限を加えていたのである。

天正十三年（一五八五）六月、対馬《つしま》の宗《そう》氏は対馬八郡に対して、棟別（家屋の棟数別）に麦を一器ずつ集め、万が一の際に使えるよう備蓄を命じた。明確に兵糧とは書かれていないが、条文には武具の用意、兵船十艘《そう》を調えるよう命じているので、そのように考えて差し支えないだろう。

以上のように兵糧の備蓄は重要であり、兵糧を確保するためには、米の流通を統制することもあったのである。

兵糧の持ち出しも厳禁である。永禄十一年（一五六八）十月に北条氏邦が阿佐美郷（埼玉県本庄市）の井上孫七郎に宛てた定書によると、印判なくして兵糧を持ち出した者は、見付け次第に足軽に身柄を引き渡し、磔《はりつけ》に処すると書かれている。兵糧の持ち出しには北条氏の印判が必要であり、無断の持ち出しはご法度《はっと》だった。こうした定めがあったということは、当時、無断で兵糧が持ち出されることが、そんなに珍しいことではなかったことの証《あかし》でもあろう。

もう一つ例を挙げておこう。天正二年（一五七四）六月、北条氏は植松《うえまつ》氏に兵糧について書状を送った（「植松文書」）。内容は、次のとおりである。

法度に背いて、北条氏の印判がないのに、他国へ持ち出された兵糧を差し押さえたことを植松氏が報告した。神妙なことである。差し押さえた兵糧百四俵は植松氏に与えるので、受け取ること。

植松氏は許可のない兵糧の持ち出しを発見したので、即座に兵糧を差し押さえ、北条氏に報告した。北条氏は差し押さえた兵糧を植松氏に与えた。その翌月になると、北条氏は植松氏に与えた兵糧百四俵について、与一郎なる人物に五ヵ村（静岡県沼津市）で渡し、受取書を取って北条氏に届けるように命じた（「植松文書」）。与一郎なる人物は不明であるが、この兵糧は落度により没収されたと、書状の冒頭に書かれている。落度による没収とは、無断で持ち出されたことを指すのだろう。

この事例などは、兵糧の備蓄が奨励されたものの、実際は不足することがあったので、購入することがあったことを証拠づけるものといえよう。そして、兵糧は厳重に管理され、無断で持ち出すことは厳禁されていたのである。

兵糧の運搬はいかになされたか？

兵糧の運搬は、どのように行われていたのだろうか。

永禄十一年（一五六八）九月、毛利元就《もうりもとなり》は配下の佐藤元実《さとうもとざね》らに書状を送った（「佐藤保介氏文書」）。当時、毛利氏は豊後《ぶんご》（大分県）の大友《おおとも》氏と交戦していたが、高橋《たかはし》氏と秋月《あきづき》氏は毛利方に与《くみ》していた。そこで、毛利氏は高橋氏と秋月氏に兵糧を送るよう、佐藤氏らに命じたのである。

もう少し書状の内容を確認すると、毛利氏は筑前《ちくぜん》植月荘（福岡県直方《のおがた》市）ほか闕所地《けっしょち》（知行人の欠けた土地）からの年貢を、送付する兵糧に充てることを固く申し付けるように命じた。つまり、兵糧は買うのではなく、闕所の年貢で賄《まかな》い、送り届けようとしたのである。

永禄十二年（一五六九）一月、北条氏は矢部《やべ》氏に兵糧の件で朱印状を送った（「矢部文書」）。関係部分を示すと、次のとおりである。

明日（二月一日）、吉原川内（静岡県富士市）へ兵糧を搬入するので、その地の船を使って上へ上り、石巻康敬《いしまきやすまさ》の代官と相談して、吉原河東に積んでおく。

続けて、敵が今日千人ばかり手を分け、興津口《おきつ》（静岡市清水区）を上ってくるので、富士口で軍事行動をとるべきか、と書かれている。加えて、明日に富士川端に軍勢を送り込むべきかともある。兵糧を搬入するときは慎重さを期して船払いをし、敵に備えて警戒をしていたことがわかる。この場合は、船で兵糧を搬入していた。

天正十二年（一五八四）五月、「小牧《こまき》・長久手《ながくて》の戦い」の最中、羽柴（豊臣）秀吉は長浜町、八幡荘（以上、滋賀県長浜市）の住人に対して兵糧の運搬を命じた（「下村文書」）。兵糧米は全部で二百石《こく》（一石＝百八十キログラム。計三十六トン）あり、長浜町の住人が百四十石、八幡荘の住人が六十石をそれぞれ関ヶ原《せきはら》（岐阜県関ケ原町）まで運ぶというものである。しかし、住人がタダで運ぶのではなかった。一石につき駄賃《だちん》として、四升五合（約九・九キログラム）が与えられた。一石あたりの運搬手数料は、約五パーセントということになる。

兵糧の輸送に領民が動員された例は、ほかにもある。天正十三年（一五八五）六月、上杉景勝《うえすぎかげかつ》は境江城《さかえ》（新潟県弥彦村《やひこ》）に城米（兵糧）二百俵を搬入すべく、出雲崎《いずもざき》（同出雲崎町）の住人に命じた。この場合は、港から海路を使った。直江兼続《なおえかねつぐ》は所々の領主に対して、荷物の宿送人三十名を徴集するよう命じた（以上「歴代古案」）。また、景勝は村山氏ら三人の兵糧一艘分を準備するよう、寺泊《てらどまり》（同長岡市）、出雲崎に伝えている。つまり、右の城米は、出雲崎、寺泊の海路を経て、境江城に運び込まれたのである。

天正十二年六月、秀吉と敵対する長宗我部元親《ちょうそかべもとちか》が讃岐十河城《さぬきそごう》（香川県高松市）を攻略した。その際、秀吉は十河城に兵糧を搬入すべく、小西行長《こにしゆきなが》らに運搬を命令した（「竹内文書」）。梶原、石井の二人は水軍を率いていたので、兵糧の運搬船を守るべく、警固船を出すよう命じられた。兵糧運搬の際に、警固船をつけることはほかにも多く行われていたようである。

戦場の補給部隊「小荷駄隊」の重要性

戦場で、実際に作戦軍の後方で軍需品の補給、輸送などにあたる「兵站《へいたん》」を担当したのが「小荷駄隊《こにだ》」だった。小荷駄には兵糧そのものの意味もあるが、一般的には戦場に兵糧、弾薬、設営道具などを運ぶ部隊のことを意味する。合戦ともなれば、戦う将兵の数が多かったのは自明のことであり、小荷駄という補給部隊がなければ戦えなかった。武田勝頼《かつより》の軍陣条目には「小荷駄奉行」の名称が見えるので、存在が重要視されていたのは明らかである（「正安寺文書」）。

小荷駄奉行に関しては、天正五年（一五七七）七月に発給された北条氏の岩付諸奉行定書にも記録がある（「豊島宮城文書」）。

岩付の奉行としては、小旗《こばた》奉行、槍《やり》奉行、鉄砲奉行、弓奉行、歩者奉行、馬上奉行、陣庭奉行、篝《かがり》奉行そして小荷駄奉行が存在した。小荷駄奉行は二番で編成されており、一番は春日、福嶋、立川の三人、二番は宮城、細谷、中の三人が担当した。それぞれが交代で勤務を命じられ、計画はすべて手札（書状）を取り交わすこととしている。間違いがないようにとのことだろう。

ちなみに、小荷駄は軍列の最後尾に位置するのが原則だった。天正十八年（一五九〇）の小田原合戦の際、徳川家康《とくがわいえやす》は軍法を発した（「浅野家文書」）。その中には小荷駄について、軍勢と混じることを禁止し、そうなった場合は当該者を処罰するとある。おそらく小荷駄から前方の軍勢に交じり、手柄を挙げようと考えるものがいたのかもしれない。抜け駆けを禁ずるとともに、小荷駄という職務専念に徹底させる規定であったといえよう。

小荷駄に動員されたのは、「陣夫《じんぷ》（夫丸《ぶまる》）」という非戦闘員だった。戦国大名は陣夫役を領内に課し、農民から陣夫を徴用した。彼らは武器や食糧の輸送のほか、土木工事にも動員されたのである。

なお、第六章では「兵糧攻め」の実例をいくつか挙げてある。その過酷な実状を読んでいただければ、兵糧・兵站の重要性をより深く理解していただけるであろう。

第五章
軍師と戦術
――その存在の「虚実」

武芸・気構え・知識を必要とされた戦国大名

いうまでもなく、戦国武将にとっては、戦場で活躍することが重要だった。主君とは御恩と奉公の関係にあり、戦いで軍功を挙げることができれば、十分な恩賞を与えられた。したがって、戦国武将は合戦で活躍をするため、常に武芸に励んでいた。武芸の鍛錬を勧めていることは、さまざまな戦国大名の武家家訓で確認することができる。

越前《えちぜん》（福井県）の朝倉《あさくら》氏が定めた「朝倉孝景《たかかげ》条々」には、武芸の心得の一端が記されている。第二章でも紹介したとおり、名刀を持ってはならない、というのもその一つだろう。一本が一万疋《びき》（約一千万円）する刀を持っていても、百本の槍《やり》、百張《はり》の弓には負ける。それならば、一万疋で百本の槍を準備したほうがいいというのである。

当時の主要な武器の一つが槍だったのは、すでに触れたとおりである。戦いでは、弓を遠くから射て、槍で突撃するのが主流だった。しかし、槍は長いうえに重たく、使いこなすのが大変だった。槍を自由自在に操るのも、技量が必要だったのである。織田信長《おだのぶなが》が長い槍と短い槍とで模擬合戦をさせたのは、あまりに有名である。鉄砲の登場以後も、槍は重要な武器として不動の地位を保った。

伊豆《いず》の伊勢宗瑞《いせそうずい》（北条早雲《ほうじょうそううん》）が定めた『早雲寺殿廿一箇条《にじゅういち》』では、時間を見つけて、乗馬を習うように勧めている。単に馬を乗りこなすだけではなく、馬上で槍を振るったり、弓を射るほどの技量が求められた。馬は高価な乗り物でもあり、特に上層の家臣団には必須の技量だったといえよう。

このように、戦国武将たる者は常に合戦に備えて、武芸の鍛錬に励まねばならなかったのである。

武芸者のイメージが想像しにくい将軍や皇族にも鍛錬に励む者はいた。

室町幕府第十三代将軍・足利義輝《あしかがよしてる》は、剣豪の塚原卜伝《つかはらぼくでん》や上泉信綱《かみいずみのぶつな》から剣術の指導を受けた。永禄《えいろく》八年（一五六五）五月、義輝は三好《みよし》三人衆（三好長逸《ながやす》・三好宗渭《そうい》・岩成友通《いわなりともみち》）らに攻め込まれた。その際、義輝は自ら刀を抜いて戦ったものの奮戦むなしく、最後は切腹して果てたという（『日本史』）。誠仁《さねひと》親王（正親町《おおぎまち》天皇の子）も、故実家の大和宗恕《やまとそうじょ》から兵法の伝授を受けていたというので、剣術や兵法は決して戦国武将の専売特許ではなかったようである。

徳川家康《とくがわいえやす》は奥平久賀《おくだいらきゅうが》から剣術を指南され、文禄《ぶんろく》三年（一五九四）五月に柳生宗厳《やぎゅうむねよし》に新陰《しんかげ》流兵法の相伝を受けた（「柳生家文書《もんじょ》」）。そのとき宗厳は、京都で徳川家康に招かれ、無刀取り技を披露した。無刀取りとは、先に相手の懐《ふところ》に飛び込んで、相手の刀が勢いを付けて振り下ろされる前に取り押さえる技である。

家康は宗厳と手合わせをしたが、まったく何もできないまま、木刀をあっさりと奪われたという。家康は宗厳の剣の達人ぶりに、すっかり感じ入ったと伝わる。ただ、右の話は『三河《みかわ》物語』という、大久保彦左衛門忠教《おおくぼひこざえもんただたか》が子孫に書き残した自伝に描かれたものなので、史実ではなく、単なるエピソードに過ぎないだろう。家康の場合は戦場で戦うというよりも、敵からの最初の一撃から身を守るための剣術だったという。

このほか、家康は鷹《たか》狩り（鷹を使って鳥獣類を捕らえる）を好み、馬術の鍛錬にも励んだ。馬術は大坪《おおつぼ》流を会得し、鉄砲や弓術の技量に優れていたといわれている。戦国大名が武芸の鍛錬を欠かさなかったのは、自ら率先垂範《そっせんすいはん》して技量を高める必要性からだった。大名当主の条件として、身体の壮健さも求められたのである。病弱であれば、家督を継ぐことすら敵《かな》わない時代だった。主君たる者、戦《いくさ》となれば先頭に立つだけの気構えと、それ相応の武芸とを併せ持つ必要があったのである。

刀、弓、槍、鉄砲などの鍛錬が必要である一方、座学である兵法書も好んで読まれていた。その中には『論語』『中庸《ちゅうよう》』『史記』『貞観政要《じょうがんせいよう》』などの中国の古典に加え、『延喜式《えんぎしき》』『吾妻鏡《あづまかがみ》』といった日本の典籍など、為政者としての心得を学ぶための書物も含まれていた。ただ、戦国大名がそのまま読むには難解だったため、公家や僧侶から講義を受けることもあった。

兵法書には、武経七書《ぶけいしちしょ》と称される『孫子《そんし》』『呉子《ごし》』『尉繚子《うつりょうし》』『六韜《りくとう》』『三略《さんりゃく》』『司馬法《しばほう》』『李衛公問対《りえいこうもんたい》』が代表的なものとして存在する。それらの書物は、すでに奈良・平安時代に日本に入っていたという。しかし、これらの書物は中国や日本の古典と同じく難解で、とても戦国武将がすらすらと読めるものではなかった。

当時、足利学校（栃木県足利市）という儒学《じゅがく》などを学ぶ機関があり、その卒業生が戦国大名に兵法書の講義をした。小早川隆景《こばやかわたかかげ》は、足利学校出身の玉仲《ぎょくちゅう》 宗琇《そうしゅう》と白鷗玄修《はくおうげんしゅう》の二人を、鍋島直茂《なべしまなおしげ》も不鉄桂文《ふてつけいぶん》を招いていた。直江兼続《なおえかねつぐ》のもとには、足利学校出身の涸轍祖博《こてつそはく》がいた。徳川家康のブレーンである天海《てんかい》も、足利学校の卒業生である。実際には、彼らが古典や兵法書の解説などを行っていたのだろう。

足利学校の歴史が明らかになるのは、室町時代中期頃である。鎌倉から禅僧の快元《かいげん》を招き初代庠主《しょうしゅ》（校長）とし、学問の興隆と学生の教育に力を入れた。その後、関東管領《かんとうかんれい》の上杉憲忠《うえすぎのりただ》が易経『周易注疏《しゅうえきちゅうそ》』を寄進し、子孫の憲房《のりふさ》も貴重な典籍を贈ったという。永正《えいしょう》・天文《てんぶん》年間（一五〇四～五五）には、約三千の学徒が足利学校に在籍したといわれる。天文十八年（一五四九）に日本を訪れた宣教師のザビエルは、足利学校を「日本国中もっとも大にしてもっとも有名なる坂東《ばんどう》の大学」であると称《たた》えたという。

足利学校は軍師養成学校と称されることもあるが、それは誤解である。ここで学んだ者は中国や日本の古典を理解し、また軍配の際の占いや易学に精通することになったので、そう呼ばれたに過ぎず、軍師の養成を目的とする機関だったわけではない。

ともあれ、戦国武将は実技たる武芸の技を磨くのみならず、座学での兵法書の読解にも励まねばならなかったのである。実技と座学が一体化してこそ、優れた武将として評価されたのである。

「軍師」の概念の成立は江戸時代になってから

辞書類によれば、軍師とは大将の配下にあって、戦陣で計略、作戦を考えめぐらす人を意味する。彼らは単に戦場で計略や作戦をめぐらすだけでなく、ときに外交にも携わるなど、多彩な能力を発揮した。とりわけ戦国時代には、著名な軍師が数多く存在した。武田《たけだ》氏の軍師・山《やま》本勘助《もとかんすけ》、今川《いまがわ》氏の軍師・太原雪斎《たいげんせっさい》、上杉氏の軍師・宇佐美《うさみ》定行《さだゆき》、毛利《もうり》氏の政僧・安国寺《あんこくじ》恵瓊《えけい》、羽柴《はしば》（豊臣《とよとみ》）氏の軍師・黒田《くろだ》官兵衛《かんべえ》、竹中半兵衛《たけなかはんべえ》など、数え上げればきりがないほどである。

しかし、なかにはその存在を示す一次史料に乏しく、出自や動向があまりわからない人物がいるのも事実である。山本勘助はその代表であったが、近年多くの一次史料が発見され、注目を集めている。

肝心なことであるが、軍師という言葉は近世に生まれたもので、戦国時代に「軍師」という言葉が使われていた形跡は確認できない。『日本国語大辞典〔第二版〕』（小学館）を確認しても、用例は近世以降である。東京大学史料編纂《へんさん》所の史料データベースを検索しても、ヒットすることはない。戦国時代には、「軍師」なる言葉は存在しなかった可能性がきわめて高いといえる。実際は、後述する「軍配者」と称するのが正しいようだ。

実際に戦場でどのように戦ったのかは、後世に成立した軍記物語などの影響が大きく、当時の史料で探ることは困難である。ましてや、軍師の立てた作戦が功を奏し、勝利を得た事実は確認できない。後述する「第四次川中島《かわなかじま》の戦い」において、山本勘助が用いたとされる「啄木鳥《きつつき》戦法」や、それに対抗した上杉氏の「車懸《くるまが》かりの陣」なども、本当にあったのか否《いな》か、確認のしようがない。近世に至ると兵学が発達するが、軍記物語にはその影響を受けた〝後付け〟の著述も少なからず見受けられる。その点には、注意を払う必要があるだろう。

「兵法」のみならず「占い」にも通じていた軍師

日本に兵法が伝わったのは、奈良時代にさかのぼる。六国史《りっこくし》の一つ『日本書紀』には、兵法を駆使したと思《おぼ》しき人々が登場する。留学生として唐《とう》に渡った吉備真備《きびのまきび》（六九五〜七七五）は、儒学・天文学・兵学を修め帰国した。兵法に通じた真備は城を築くなど、日本の「軍師第一号」といわれている。なお、真備は陰陽道《おんみょうどう》にも通じていた。

わが国では『孫子』『呉子』『六韜』『三略』などを参考にして、多くの兵法書が編まれた。

やがて戦いが恒常化する時代に入り、戦いの経験を積むことにより戦法が洗練されると同時に、兵法も大いに発達した。南北朝期から室町期にかけて執筆された『張良一巻書《ちょうりょういっかんのしょ》』『兵法秘術一巻書』『義経虎之巻《よしつねとらのまき》』『兵法霊瑞書《れいずいしょ》』などは、代表的な兵法書といえよう。これらの兵法書は中国では集団戦法を重視しているのに対し、一騎打ちの戦闘法に特化している特徴がある。

当該期の兵法は、宿星《しゅくせい》、雲気《うんき》、日取、時取、方位などを重要視した軍配術が基本であった。これに弓馬礼法や武家故実が結びつき、軍配兵法が発達したのである。端的にいえば、一種の縁起かつぎに基づいていた。現代では合理的な考え方が重視されるわけであるが、戦国時代は必ずしもそうとはいえなかったのだ。

軍配者は占星術や陰陽道に通じており、武将の命《めい》により合戦の日取りを決定した。その萌芽《ほうが》は、すでに十二世紀初頭に確認することができる。平安時代に賀茂家栄《かものいえひで》が撰した『陰陽雑書』によると、戦いに適した日は己巳《つちのとみ》以下の十四日であるとされている。もっとも諸書によって、合戦に適した日は一定しないようである。したがって、各家の独自の理論に基づいていたと考えられ、一定の法則はなかったのだ。

合戦に適した日時にこだわった例は、康平《こうへい》五年（一〇六二）八月の「前九年の役《ぜんくねんのえき》」での戦いで確認することができる。源頼義《みなもとのよりよし》は安部宗任《あべのむねとう》の叔父で僧侶の良照《りょうしょう》の籠《こも》る小松柵《こまつのさく》を攻撃しようとしたが、その日は日取りが良くないとの理由で延期している（『陸奥《むつ》話記』）。日時にこだわる考えは、すでに平安時代から見られたのである。出陣の日については、足利将軍家が陰陽《おんよう》頭《のかみ》に依頼して吉日を選択していたことが知られている（『殿中以下年中行事』）。

戦国大名の場合は軍配者に託したが、易者や山伏《やまぶし》に委《ゆだ》ねられることもあった。現代の感覚からすれば迷信頼みに見えるかもしれないが、当時はそれが信じるに値する〝真実〟だった。その真実に基づき、出陣の日を定めていたわけであり、やみくもな判断に基づくものではなかったのである。神仏に畏敬《いけい》の念を抱いていた当時の人は、出陣する日も運に委ねていたのである。

軍師が用いたさまざまなアイテム

軍師には、多くの必須アイテムがあった。ここでは、軍配と軍扇《ぐんせん》を取り上げることにしよう。

そもそも軍配とは、軍配団扇《うちわ》を省略した言葉である。戦国時代になると、武将が自軍を指揮するための道具として用いられた。軍配の意味とは、軍陣の配置や軍の進退の日時・方角などを占って手配をすることである。先述した十一世紀半ばの「前九年の役」の頃には、確立していたという。

室町時代末期になると、軍配の重要性が認識されるようになった。武将たちは合戦の指揮をするため、団扇を使用するようになる。合戦で使いやすくするため、団扇の柄《え》には鉄を入れ、羽の部分は革を用いて漆《うるし》を塗り、その表面には日月星辰《じつげつせいしん》（太陽と月）の文様あるいは方位・方角、十二支、陰陽・天文・八卦《はっけ》、二十八宿、梵字《ぼんじ》などを箔《はく》押しした。当初は軍配団扇と呼ばれていたが、やがて軍配と省略されたのである。現在、軍配は相撲の勝敗を決するときに使用される。行司の持っている軍配がそれである。

軍扇とは、合戦の際に用いる扇であるが、そもそもは普通の扇を持ち込んだものと考えられている。その起源は古く、平治《へいじ》元年（一一五九）に起こった「平治の乱」の際、源義朝《よしとも》が日輪を描いた扇を用いたのが最初の例であるという。

『平治物語絵巻』などの合戦を描いた絵を見ると、軍扇の多くは黒塗りで、地紙に日輪を描いていた。室町時代の故実書『随兵日記』によると、軍扇は長さ約三十六センチメートルで、表に日輪、裏に月と七星が書かれていた。意外に大きいもので、まさしく屈強な武将が用いるにふさわしいものであった。室町時代には軍扇が普及し、戦場で使われたようだ。

ただし、室町・戦国時代には軍扇という言葉はなく、江戸時代になってから用いられるようになったという。江戸時代の軍扇の文様は、表が日輪、裏には九曜が描かれていた。ほかにも軍師のアイテムは、出陣の相図を行う「法螺貝《ほらがい》」などがある。法螺貝については、第一章で述べたとおりである。

以下、実際に戦国時代において暦や占いを用いた例を中心にして、合戦の日取りがどのように決められたのかについて、各戦国大名の例で見ることにしよう。あわせて軍配者に限らず、僧侶など合戦の日取り決定に携《たずさ》わった例や、暦以外の事例にも少し触れることとしたい。

軍師の決断①――山本勘助だけではなかった武田氏の軍師

天正《てんしょう》三年（一五七五）五月、武田勝頼《かつより》は織田信長・徳川家康の連合軍と「長篠《ながしの》の戦い」で交戦し、敗北を喫した。武田氏は信玄《しんげん》の死によって三河国（愛知県）を奪い損なっていたので、その子・勝頼にとって早々に三河国に侵攻するのは悲願だった。翌年一月、勝頼は家臣の春日《かすが》忠綱《ただつな》に宛てて、三河侵攻の日取りについて書状を送った（「宝月圭吾《ほうげつけいご》氏所蔵文書」）。概要は、次のようになる。

三河国に侵攻することは、もっともであると話し合いがついた。その後、卜筮《ぼくぜい》で占ったところ、今年（天正四年）の春は動かないほうがよいとのことであった。まず、出兵は延期し、隣国の情報を得ることにする。

家中での話し合いで三河国侵攻は決定していたが、日取りが悪いので、延期が決定されたのである。史料には触れられていないが、勝頼は軍配者の助言を得ていたのではないかと考えられる。少なくとも勝頼は、卜筮を出兵するか否かの判断材料にしていた。

「卜筮」とは、中国古代に行われた占意の方法である。「卜」は亀甲《きっこう》を焼いてできる亀裂によって、吉凶を占った。また、「筮」は一定の方法で蓍《めどぎ》などの筮竹《ぜいちく》を操作することによって、吉凶を占った。

武田氏の「軍師」といえば、先述した山本勘助が有名であるが、軍配者として小笠原源与斎《おがさわらげんよさい》なる者も存在したという。ただ、小笠原源与斎は生没年もわからず、その生涯も不明である。実在したのではなく、架空の人物である可能性もある。『甲陽軍鑑《こうようぐんかん》』には、源与斎について次のように記されている。

甲斐《かい》国（山梨県）に小笠原源与斎という軍配者がいた。種々の奇特を行い、風呂《ふろ》に入って戸を押さえさせ、人々の知らない間に外へ出た。また、夜の会合の際に、向かいの山に火を立てると言うと、本当に火を立て驚かせた。源与斎は軍配をよく伝授し、種々奇特を行った。

「奇特」には、奇蹟《きせき》などの意がある。源与斎が行ったという右の奇特は、史実か否かはっきりとしない。現代でいうところのマジックのような手法を使ったのだろうか。このような奇蹟を披露すれば、武田氏も信用したに違いない。武田氏は、多彩な人材を抱えていたようだ。

軍師の決断②——大友氏の軍師・角隈石宗の無念

大友《おおとも》氏の軍師として有名な人物に、角隈石宗《つのくませきそう》が存在する。石宗の事蹟も不明であるが、義鑑《よしあき》、義鎮《よししげ》（宗麟《そうりん》）の二代にわたって仕えたとされ、実在した人物であるのはたしかだ。気象学、天文学、易学に該博《がいはく》な知識を有し、大友家で重きを置かれた。人物としても、優れていたと伝えている。のちに石宗は、軍配の秘伝を大友氏の重臣・戸次鑑連《べっきあきつら》の子である鎮連《しげつら》に伝えたという。

この角隈石宗も、出陣の日取りを占ったことで知られている。

天正六年（一五七八）、大友宗麟は島津《しまづ》氏と交戦すべく出兵を決意した。のちにいう「耳川《みみかわ》の戦い」である。このとき、石宗は次の三つの理由を提示して、宗麟の出兵を思いとどまらせようとした（『大友記』など）。

①宗麟が四十九歳の厄年《やくどし》であること。
②未申《ひつじさる》の方角への出陣は良くないこと。
③去年の彗星《すいせい》の光の尾が西に靡《なび》くのは凶兆であること。

ところが、宗麟は石宗の助言を受け入れることはなかった。覚悟を決めた石宗は、秘伝の書物を焼き捨てて出陣し、自身も戦場で討《う》ち死にした。結果的に、大友氏は「耳川の戦い」で大敗北を喫し、有力な武将を数多く失ったのである。石宗の予言は的中し、以後の大友氏は弱体化の一途をたどった。

一連の事実は、『大友家文書録』にも記されており、確かな史実と考えてよいと指摘されている。大友家では軍配者に発言権があったのだが、このときは宗麟の決断により認められなかった。軍配者には発言権があり、出陣の日取りに影響を及ぼしていたことを示す貴重な例の一つであることはたしかだ。

軍師の決断③——北条氏の軍配者・根来金石斎

軍記物語の『相州《そうしゅう》兵乱記』によると、小田原の北条《ほうじょう》氏は根来金石斎《ねごろきんせきさい》なる軍配者を抱えていたという。根来金石斎は、その名が示すように紀伊《きい》国根来（和歌山県岩出《いわで》市）の出身であった。北条氏に鉄砲をもたらしたといわれており、軍配者として重用されていた。ちなみに金石斎は、北条氏の家臣・大藤信基《のぶもと》と同一人物、あるいは信基をモデルとする人物といわれている。

十六世紀初頭の関東争乱時において、小弓公方《おゆみくぼう》・足利義明《よしあき》が安房《あわ》（千葉県）の里見《さとみ》義尭《よしたか》に擁《よう》立《りつ》され、北条氏と対立していた。北条氏の家中では、義明と対決するか否かについて、激論が取り交わされていた。その際、家中の意思決定を左右したのが、根来金石斎の次の発言だったという（『相州兵乱記』）。

今、義明殿の行状を聞くと、自身の武勇に慢心して威勢をつのり、悪日・吉方を選ぶことなく、無理に出陣を行って天道（自然に定まっている道理）を恐れていない。これは、良将の好むところではない。

裏返していえば、名将たる者は悪日や吉方を確認したうえで、出陣を決定するべきであるということになろう。二次史料に書かれたことではあるものの、北条氏では少なからず軍配者の意見が重視されたことをうかがわせる。

根来金石斎の予言が的中したのか、天文七年（一五三八）七月の「第一次国府台《こうのだい》合戦」（千葉県市川市）で、北条氏綱《うじつな》は義明の討伐《とうばつ》に成功した。小弓公方の滅亡によって、北条氏は房総半島での優位を確立したのである。

北条氏には、もう一人の軍配者・白井入道浄三《しらいにゅうどうじょうさん》なる人物の存在がうかがえる。白井入道浄三は白井胤治《たねはる》のことで、千葉氏に仕えていたという。

永禄七年（一五六四）に「第二次国府台合戦」が勃発《ぼっぱつ》すると、北条氏康《うじやす》は里見義尭を敗北に追い込んだ。その直後、下総臼井《しもうさうすい》城（千葉県佐倉市）に北条軍が籠り、上杉謙信《けんしん》が攻撃を仕掛けた。このとき活躍したのが、白井入道浄三なのである。『北条記』は、戦いの様子を次のように記している。

昨日の戦いで北条軍は勝利を得たが、今日は城中の者がくたびれたのか、風雨を嫌がったのか誰も出てこない。謙信が「城を攻めてみよ」と言うと、家臣の本庄某があらわれて、「城中には軍配の名人・白井入道が籠っています」と報告した。そして、「今日は千悔日《せんかい》という先負《せんぷ》（急用・争い事・公事などを避け、静かに待つのがよいとされる日）の日です。だから、城中から人が攻めてこないのです」と述べた。

北条軍が上杉軍を攻めてこないのには、千悔日（千悔には「非常に後悔すること」の意がある）が先負という悪日であるという理由があった。このあと続けて、急に片山の岸が崩れ、山際に控えていた越後《えちご》（新潟県）の軍勢数十名が巻き込まれた。上杉方は人馬が多く亡くなったので、悪日のしるしであると気付いたという。

二つの例は、ともに二次史料に載せられているものだから、史実として正しいかどうかは疑わしいものではあるが、少なくとも北条氏が悪日に対する意識が強かったことを伝える逸話といえよう。

軍師の決断④――上杉氏に仕えた軍師僧侶・清源寺是鑑

日取りを占ったのは軍配者に限らず、僧侶に委ねられた例もある。

上杉景勝が抱えていた僧侶に、清源寺《せいげんじ》是鑑《ぜかん》なる人物がいる。この人物も不明な点が多いものの、越後国安国寺《あんこくじ》（新潟県上越市）の住持であったのはたしかなようである。是鑑のケースでは軍記物語ではなく、一次史料（『上杉家文書』）で出陣日の吉凶を占った事実を確認することができる。以下、その例を見ることにしよう。

是鑑は年月日の記されていない書状の中で、「お手紙を拝見いたしました。御用の向きは心得ました。一両日中に吉日を選び、報告申し上げましょう」と記している。このあとに「このことをご披露いただきますようお願いします」とあるので、人を介して「ある人物」に披露を依頼していることがわかる。

この史料には関連する是鑑の書状があり、樋口与六《ひぐちよろく》なる人物に宛てられている。先の書状の「ある人物」とは、樋口与六なのである。樋口与六とは、のちの直江兼続のことである。この書状には六月二十四日という日付しか記されていないが、兼続の改名の時期を勘案すると、天正九年（一五八一）以前のものになる。

是鑑の書状には、「占いのことを承《うけたまわ》りましたので、ここに書き記しました。いかにも合戦には、良い占いの結果が出ました。めでたく存じ奉《たてまつ》ります」と記されている。合戦の日時や吉凶について占ったのは、たしかな事実といえよう。

このように上杉氏の場合は軍配者だけでなく、お抱えの占い師に出陣日の占いを依頼していたことがわかる。おそらく上杉氏以外の諸大名にも、類例があったと考えられる。

知識は気象予報士なみ？ 空模様を見て作戦判断

ここまで戦いの吉日について述べてきたが、当日の天候も大きな意味を持った。武田信玄に仕えた軍配者の駒井高白斎《こまいこうはくさい》は、自身の日記『高白斎記』に天気に関する記事を数多く残している。軍配者は雲の流れなどで、天候の動きを察知する必要があった。それゆえ天候をチェックし、予報する能力を身に付けたのだろう。

天候が戦闘を左右した例は、永禄三年（一五六〇）五月に織田信長と今川義元が戦った「桶《おけ》狭間《はざま》の戦い」が代表的な例として知られる。この戦いで、信長は悪天候のなかを急襲戦によって、今川氏を打ち破ったとされる。今となっては否定されつつある説だが、天候と戦いは密接にかかわっていたことをうかがわせる（第六章を参照）。

ところで、越前国朝倉氏は「朝倉孝景条々」にも記されているように、吉日にこだわりすぎてチャンスを逃すことに注意を払っている。軍配師の指示を信頼するあまり、明らかなチャンスを失うことに警鐘を鳴らすものである。

羽柴《はしば》（豊臣《とよとみ》）秀吉《ひでよし》は天正十年（一五八二）六月の「中国大返し」の際に、祈禱《きとう》師が上洛《じょうらく》する日を悪日とする指摘を逆手にとって、むしろ吉日であると主張した（『川角太閤記《かわすみたいこうき》』）。結果、秀吉は「山崎の戦い」で、明智《あけち》光秀《みつひで》を打ち破ったのである。このように好機を逃さないよう、「迷信」にとらわれない武将も存在したのである。

また、悪日を吉日に変える方法もあった。扇を昼間は三日月の面を表にして、夜は日の丸の面を表にして使用すれば、悪日を吉日に変えることができたという(『中原高忠軍陣聞書』など)。いうなれば、悪日を吉日に変える〝裏ワザ〟といえるが、当時の人々が迷信を信じていた証《あかし》でもある。

右の例は、二次史料に書かれているものもあり、すべてが正しいとはいい難い面もあろう。しかし、戦国時代には合戦の日を軍配者や占い師に託していたので、彼らは暦などに精通しなければならなかったのは事実である。

史実では確認できない「兵法」の実際

江戸時代になって平和になると、戦国時代の戦略・戦法を学問的に検討しようとする機運が高まった。とりわけ戦国期に活躍した武将の戦略や戦術は、分析の対象となった。戦国時代の軍配兵法から脱皮し、洗練された流派兵学としての体系化・組織化が図られたのである。いわば学問化を果たしたといえる。

甲州流、越後流、北条流、山鹿《やまが》流、長沼流の五大兵法学が代表的なものであるが、楠《くすのき》流、風山《ふうざん》流、源家古法《げんけこほう》、合伝《ごうでん》流などもあった。それらは全国の諸藩に伝わり、それぞれが独自の理論に基づき、さまざまな兵学を形成した。また、江戸時代初期は、「関ヶ原《せきはら》の戦い」や「大坂の陣」後に牢人《ろうにん》が大量に発生したので、職を失った牢人たちは兵法を教えることにより、糊口《ここう》を凌《しの》ぐ側面があった。

一方で、そうした兵学は単なる机上の理論に過ぎず、なんら実体のない代物であったとの指摘がある。「鶴翼《かくよく》の陣」や「車懸かりの陣」などは有名な陣形であるが、実際に戦いで用いられたのかは疑問である。この点は後述するが、そうした陣形を用いたという一次史料はない。教える側はそれが実戦で使えるか否かは別として、受講する武士の関心を惹《ひ》くためにあえて荒唐無稽《こうとうむけい》な作戦なり陣形なりを提示したのである。

こうしたなかで、中国の『三国志演義』で活躍する軍師たち――諸葛亮孔明《しょかつりょうこうめい》など――にならって、戦国時代の一部の武将が「軍師」と呼ばれるようになった。

『三国志演義』は、羅貫中《らかんちゅう》が著した明《みん》代の長編歴史小説である。同書は正史の『三国志』(晋《しん》の陳寿《ちんじゅ》撰)をベースにしており、北宋《ほくそう》代から講釈師によって語りつがれ、絵入りの読み本や演劇などで民衆に親しまれた三国の物語である。弱少の蜀漢《しょくかん》を正統に位置付け、劉備《りゅうび》・関羽《かんう》・張《ちょう》飛《ひ》・諸葛亮を英雄として称えている。

つまり、『三国志演義』で展開される軍師の見事な戦いぶりや指揮が、日本でも軍師と称される武将に投影され、現代に至ったと考えられるのである。

先に触れたとおり、戦国時代に「軍師」という言葉は確認されていないので、近世になって用いられたのは間違いない。加えて、兵法なるものも実戦に耐えうるか不明であり、単なる創作に過ぎない可能性もあろう。

「軍評定」はトップダウンではなく合議制が基本

「軍《いくさ》(戦)評定《ひょうじょう》」とは、文字通り合戦の前に行う作戦会議のことである。当時の戦国大名は絶大な権力によって、家臣らに言うことを聞かせたイメージがあるかもしれないが、それは事実ではない。合戦に際しても、合議による意思決定が必要だった。軍評定は当主以下、重臣層や軍配師らが出席して催された。当主は重臣層らと作戦面で合意形成をしたうえで戦いに臨み、ときに戦いをやめ、和睦《わぼく》に転じることもあった。そのエピソードについては、事欠かないものがある。

軍評定は、当然トップシークレットなので、ほとんど記録が残っていない。逸話の多くは、のちに軍記物語に書かれたものだ。おそらく、軍評定では重臣や軍配師が中心になって、作戦や出陣の日取りなどを決定したと考えられる。先述のとおり、軍配師は僧侶や陰陽師などが務め、占いなどによって作戦の提案を行った。

古来、軍評定には、さまざまなドラマがあった。

元暦《げんりゃく》二年(一一八五)における一連の源平合戦の際、源義経と梶原景時《かじわらかげとき》は、屋島《やしま》(香川県高松市)の合戦で「逆櫓《さかろ》」の採用をめぐって対立した。景時は屋島の平家軍を攻めるとき、船に逆櫓を付けて後ろにも進むことができるようにすることを主張したのだが、採用するかをめぐって、義経と口論になったのである。

義経は「退くための仕度など無用」と拒否し、そのまま平氏との戦いに臨んで勝利を収めた。景時は作戦が採用されないうえに、義経が勝利を収めたので、恥をかかされてしまったのである。これを怨《うら》んだ景時は、義経の悪口を頼朝に書き送り、これが義経の悲劇のはじまりになった。この話は、『平家物語』に書かれたエピソードであり、どこまでが史実かについては慎重に判断する必要があるが、軍評定において侃々諤々《かんかんがくがく》の議論が行われたのはたしかであろう。

戦国時代の軍評定の記録は、ほぼ軍記物語に拠《よ》る。以下、いくつかの事例を挙げることにしよう。

永禄三年（一五六〇）五月の「桶狭間の戦い」に際して、信長は軍評定を催すこともなく、「敦盛《あつもり》」（幸若舞《こうわかまい》）を舞った（『信長公記』）。そして、突如として出陣を決意したのは有名な逸話である（天理本には軍評定を催したとある）。合議による決定を旨とする軍評定ではあるが、ときに当主が重臣の意見を聞かず、独断で作戦を遂行することもあったのである。

天正六年（一五七八）三月、織田信長から中国計略の命を受けた羽柴（豊臣）秀吉は、播磨《はりま》国加古川（兵庫県加古川市）の糟谷館《かすやのやかた》で軍評定を開催し、今後の方策を練ることにした（『別所《べっしょ》長治《ながはる》記』など）。このとき三木《みき》城主・別所長治の家臣である三宅治忠《みやけはるただ》が作戦を献言したところ、秀吉によって退けられたという逸話がある。別所方は「秀吉に侮《あなど》られている」と、大いに怒ったという。

結局、軍評定で別所方の作戦が取り入れられなかったことが原因となり、別所氏は織田方を離反したといわれている（実際は毛利方の調略に応じた説が有力）。秀吉は中国計略に際して、播磨国衆《くにしゅう》の助力が必要だったが、軍評定で作戦の方針が異なった場合は、決裂することがあったことを示す事例である。

天正十八年（一五九〇）に秀吉が小田原北条氏を攻撃する際、北条方では連日のように軍評定を開き協議をした。軍評定では和睦、籠城《ろうじょう》、出撃などの案が議論されたものの、なかなか結論に至らなかったという。それゆえ小田原評定といえば、結論の出ない会議の代名詞となった。ただ、こちらも単なる逸話に過ぎないだろう。

慶長《けいちょう》五年（一六〇〇）九月の「関ヶ原の戦い」の前哨戦《ぜんしょうせん》において、島津《しまづ》義弘《よしひろ》は石田《いしだ》三成《みつなり》に対して、赤坂（岐阜県大垣市）在陣中の東軍への夜討ちを提案した。しかし、三成は西軍のほうが軍勢が多いので、日中に平野部で決戦すべしとして拒否した。決定を聞いた義弘は、三成に強い不信感を抱き、その後の戦いに積極的に参加しなかったといわれている。

このエピソードは、十八世紀初頭に成立した『落穂集《おちぼしゅう》』という二次史料に書かれたものである。島津方の史料には、夜討ちの進言に関する記録がなく、第一章でも触れた島津家の複雑な事情も勘案すると、夜討ち進言のエピソードは史実とは認めがたい。

右の事例の多くは、軍記物語などの後世の編纂物に書かれた〝後付け〟のもので、良くいえばドラマチックに、悪くいえば〃かなり話を盛って〃描かれている。いずれも史実である可能性は低く、軍評定の全貌をたしかな史料で復元するのは難しい。

〃迷信頼み〃とは笑えない、出陣前の戦勝祈願

戦国時代において、合戦の前に戦勝祈願を行うことは、ごく普通のことだった。当時の人々は神仏を怖れ、ときに良いことがあるように祈願していたのである。それは、戦国大名も同じであり、合戦では勝利を呼び寄せるべく、戦勝祈願を行っていた。戦いでは吉日などを神慮に委ねていたのだから、当然のことといえるのかもしれない。

文明《ぶんめい》九年（一四七七）五月、太田《おおた》道灌《どうかん》は江古田原《えごたはら》・沼袋（東京都中野区江古田・沼袋付近）で、豊島泰経《としまやすつね》と戦った（「江古田・沼袋の戦い」）。道灌が本陣を置いたのは、沼袋氷川《ひかわ》神社だった。道灌は配下の者たちと社殿に詣《もう》でて、杉の木を植樹した。戦勝を祈願するためである。結果、道灌は泰経を打ち破り勝利した。のちに、その杉の木は、「道灌杉」と呼ばれるようになったのである。

永禄三年（一五六〇）五月の「桶狭間の戦い」の際、織田信長は今川義元との戦いで勝利を祈念すべく、熱田《あつた》神宮（名古屋市熱田区）に詣でた。熱田神宮は、三種の神器《じんぎ》の一つである草《くさ》薙剣《なぎのつるぎ》を祀《まつ》る神社としても有名であり、軍神として崇《あが》められていた。結果、信長は義元に対し

て、奇跡的な勝利を手にしたのである。

越後の上杉謙信は、生涯独身を貫きながら、幾多の合戦で敵に勝利した。元亀《げんき》元年（一五七〇）、謙信は御宝前に願文《がんもん》（願い事を記した文）を奉納したが、そこには数多くの神仏の名が記されている（「上杉家文書」）。その都度、神前に願文を奉納し、阿弥陀如来《あみだにょらい》、千手観音《せんじゅかんのん》、摩利支天《まりしてん》、弁財天《べんざいてん》、愛宕《あたご》将軍地蔵、十一面観音、不動明王、愛染《あいぜん》明王など、数多くの神仏に勝利を祈願した。

謙信は、帝釈天《たいしゃくてん》、妙見菩薩《みょうけんぼさつ》、飯縄《いづな》明神（権現《ごんげん》）を軍神として崇めていた。飯縄明神は、謙信のライバルの武田信玄も信仰していたことで知られる。また、謙信が毘沙門天《びしゃもんてん》を信仰しており、「毘」の旗を用いていたことは有名な話である。泥足《どろあし》毘沙門天を祀る毘沙門堂は、居城の春日《かすが》山《やま》城（新潟県上越市）中北に位置する場所にあった。

連歌《れんが》を神社に奉納し、戦勝祈願をすることもあった。

天正十年（一五八二）五月二十八日（諸説あり）、明智光秀は愛宕山威徳院《いとくいん》（京都市右京区）で有名な『愛宕百韻《ひゃくいん》』を興行した。前日の二十七日、光秀は居城のある亀山（京都府亀岡市）から愛宕山に仏詣《ぶっけい》をするため、一宿して参籠《さんろう》した。そして、神前に赴くと、太郎坊の御前で二、三度籤《くじ》を引いたという（『信長公記』）。光秀は信長の命《めい》により、備中高松城を水攻めにしていた羽柴（豊臣）秀吉の援軍として出陣する予定だった。

このとき光秀は、連歌で名高い里村紹巴《さとむらじょうは》、里村昌叱《しょうしつ》、猪苗代兼如《いなわしろけんにょ》、里村心前《しんぜん》、宥源《ゆうげん》、威徳院行祐《ぎょうゆう》らに交じって、有名な「ときは今　あめが下知る（または「下なる」）　五月哉《さつきかな》」という発《ほっ》句《く》を詠《よ》んだ。この発句は「とき＝土岐《とき》」と解釈され、土岐氏の支族である明智氏が「あめが下」つまり天下を獲《と》ることを織り込んでいると解釈されてきた。「本能寺の変」が勃発したのは、六月二日のことなので、数日前に謀《む》反《ほん》の意思表示をしていたとされる。

これは、紹巴が天正六年（一五七八）に秀吉の西国出陣の戦勝を祈願し、「羽柴千句」を張行したことがある例にならって開かれたと考えるのが順当である。そもそも光秀が、紹巴の前で謀反の意がある心情をあえて吐露する必然性などないと考えるのが常識的判断であろう。紹巴は、秀吉とも親しくしていた。光秀が情報漏洩《ろうえい》を恐れるのは当然のことだから、『愛宕百韻』は光秀による天下取りの意思表明ではなく、毛利氏を征伐《せいばつ》して天下を治める決意を表したに過ぎないという指摘が妥当である。つまり、中国計略の出陣連歌だったというわけである。

出陣前のタブーと掟——縁起をかついだ大名たち

出陣の際の掟やタブーがあったことも知られている。出陣に際しては、三献《さんこん》の儀式が執り行われた。それは、最初に打ち鮑《あわび》を食べ、次に勝栗《かちぐり》を食べ、最後に昆布を食べて、それぞれを食べる間に三回ずつ計九回も酒を飲んだという（『随兵之次第事』）。これがいわゆる「三三九度《さんさんくど》」である。単に「打って、勝って、喜ぶ」という語呂合わせに過ぎないが、当時の人がゲンかつぎを重要視していたことをうかがえる。

大将は家臣一同の前で三献の儀式を行い、注がれた酒を全員で飲み干した。これにより家臣と出陣前の一体感が生まれ、「勝つ」という縁起をかつぐことになった。しかし、酒を注いだ人が後ろに引くことは、戦いで後ろに引くこと（撤退）を意味するのでタブーだった（『今川大草紙』）。

縁起をかつぐといえば、出陣のときに包丁を中門の妻戸の橋《こう》に置き、その上をまたいで越えることがあったという（『出陣日記』）。その際、包丁の束を右に置き（先を左）、包丁の刃を外へ向けて酒を飲み、外へ出るときは橋と包丁を越えて出陣した。これは秘事とされていた。

戦勝祈願としては、兜《かぶと》の上に締める上帯の端を切って捨てるという行為もあった。上帯の端を切ると、鎧《よろい》を結んでいる帯が解けなくなったので、鎧を脱がないという決意を意味することになった。これは、決して生きては帰ってこない覚悟を示したもので、前田利家《まえだとしいえ》が出陣する際に行ったという。これにより将兵たちは、戦いに臨む前に決死の覚悟を決めたのである。

具足《ぐそく》を北向きに置くことは敗北につながると考え、タブーとされた。「北」という方向も、敗北や死者の北枕をイメージするのか、避けられたようである。誤って北に置いた場合は、すぐに向きを変えたのである（『伊勢兵庫守貞宗記《いせひょうごのかみ》』）。

出陣におけるタブーといえば、女性に関するものもある。

武将の出陣に際しては、三日にわたり身を清める必要があった（『兵将陣訓要略鈔《しょう》』）。むろん、その間は妻妾《さいしょう》との性的交渉は禁止された。妊婦に衣服の縫物《ぬいもの》をさせることはもとより、出産後も三十三日間は着るものにも触れさせてはならなかった。その不浄により、災難に遭うというのだ。迷信めいた話であるが、そこには血穢《けつえ》の観念が影響していたと考えられている。

出陣後もさまざまな吉凶のジンクスがあった。たとえば、旗竿《はたざお》は持ち手より上が折れれば「吉」、下が折れれば「凶」であった（『今川大草紙』）。根拠は不明であるが、何らかのジンクスだったということになろう。

ほかにも、馬が厩《うまや》で嘶《いなな》けば「吉」、人が乗って嘶けば「凶」とされた（『中原高忠軍陣聞書』）。さらに海上においては、大将が乗る船に魚が飛び込めば「吉」とされたという（『応仁記《おうにんき》』）。いずれも根拠が不明であるが、合戦に際しては武将たちが常に神仏を頼み、縁起をかついでいたことは間違いない。仮に「吉」の判断が出れば、士気が高まったのであろう。戦国特有の精神世界のことではあるが、決して無視しえない慣行だったのである。

「啄木鳥戦法」「鶴翼の陣」……机上の産物だった有名陣形

戦国時代にはさまざまな陣形があったというが、それは事実なのだろうか。そもそも兵法は中国から日本に渡来したもので、すでに平安時代から陣形が伝わっていたといわれている。陣形については、中国の兵法で古くから唱えられた八種類の陣立てとして、八陣なるものがある。

また、兵法家の孫子・呉子、あるいは軍師と称された諸葛亮の考案したものなどが存在する。それらは、ある程度の権威があったようである。

日本では平安時代頃、学者として名高い大江維時《おおえのこれとき》（八八八～九六三）が唐で八陣を学び伝えたという（吉備真備という説もある）。通常、八陣とは魚鱗《ぎょりん》・鶴翼《かくよく》・長蛇《ちょうだ》・偃月《えんげつ》（または彎月《わんげつ》）・鋒矢《ほうし》・方円《ほうえん》・衡軛《こうやく》・雁行《がんこう》の八種類のことをいう。もう少し詳しく書いておこう。

①魚鱗―魚の鱗《うろこ》の形のように中央部を突出させ、人の字形に配置した陣形。鶴翼の反対である。
②鶴翼―鶴が翼を広げた形に兵を配置し、敵を包囲する陣形。魚鱗の反対である。
③長蛇―長く一列に並び、蛇《へび》の首が尾を、尾が首を、また首尾が中をそれぞれ救うようにして、互いに各部隊が呼応して進む陣形。
④偃月―中央部を後退させて、半月形に組んだ陣形。
⑤鋒矢―足軽《あしがる》を「∧」の形に並べ、その後ろに騎馬武者を「一」の字を縦にした形に揃《そろ》える。そして足軽が機を見て左右に開き、騎馬武者が突進する陣形。
⑥方円―敵が鋒矢の陣形で攻め込んできたとき、それを包み込み迎え撃つようにした円形の陣形。
⑦衡軛―前線を魚鱗もしくは鶴翼の陣にし、第二陣以下を左右に縦に配した陣形。

⑧雁行――斜めに陣を組んだ陣形。

とはいえ、こうしたものが実戦で使われていたかははなはだ疑問であり、あくまで形式的なもの、あるいは机上の学問に過ぎなかったものと考えられる。

たとえば、永禄四年（一五六一）の「第四次川中島の戦い」の際、武田信玄の配下にあった山本勘助は、「啄木鳥戦法」を用いて戦ったという。「啄木鳥戦法」とは、部隊を二つに分け、一つの部隊に上杉軍の妻女山《さいじょさん》を攻撃させ、上杉軍が山を下ったところで、平野部で待ち伏せしていたもう一つの部隊が攻撃する作戦である。ちょうど啄木鳥が木を叩き、驚いた虫が木から飛び出したところを食べるのに似ているので、このように名付けられたという。

この「啄木鳥戦法」に対抗して上杉謙信が用いたとされる「車懸かりの陣」は、先に出陣した部隊が攻撃ののちに後ろに引き下がり、後方から別の新手の部隊が攻め込むという戦法である。こうして車が回転するがごとく、中心の大将を守りながら、連続して突撃を繰り返す作戦である。いかにも効率的な作戦に聞こえるが、実際に用いられたのかはなはだ怪しい。

ほかにも著名な戦い方はある。「鶴翼の陣」は、軍勢の両翼を鶴《つる》のように前に張り出し、中心に大将を配置する陣形である。敵が攻め込んできたら、両翼を閉じて敵を包囲し、全滅に追い込む作戦である。「川中島の戦い」で武田信玄が、「三方《みかた》が原《はら》の戦い」で徳川家康が用いたという。

いずれの作戦も本当にあったのかを裏付けるたしかな史料はなく、山本勘助に至っては、体系的に軍学を学んでいないと神前で申し述べているくらいだ（『甲陽軍鑑《こうようぐんかん》』）。むしろ、実戦はこれまでの経験則が左右したと考えられ、右に示した陣形は後世の創作に過ぎないと考えるべきだろう。

第六章

戦いの実相
——野戦・攻城戦の「凄惨」

実はほとんどわからない戦いの実相

ここまで戦争の準備段階について、いろいろと述べてきた。本章では、戦いの実際を取り上げたいと思う。しかし、その前に改めて断っておくことがある。

一般的に私たちが知る戦争の具体的な叙述は、おおむね二次史料である軍記物語に依拠している。軍記物語は精度の高いものから低いものまで、ピンからキリまであるが、そのまま中身を信じるわけにはいかない。あくまで史料批判を通して、その記事を信用するか否《いな》かを決める必要がある。

「桶狭間《おけはざま》の戦い」が奇襲戦だったのか否か、「長篠《ながしの》の戦い」は織田信長《おだのぶなが》の鉄砲隊による三段撃ちが武田《たけだ》氏の騎馬隊を破ったのかそうではないかという論争は、質の悪い二次史料（たとえば、小瀬甫庵《おぜほあん》『信長記《しんちょうき》』）に書かれたことに対する通説の見直しである。それらの戦いを見直す際の根拠史料としては、良質とされる太田牛一《おおたぎゅういち》の『信長公記《しんちょうこうき》』を第一に用いるべきとされるが、

『信長公記』もまた二次史料であることを忘れてはならないだろう。

軍記物語には「〇〇軍の率いる軍勢は五万人」などと具体的に軍勢の数が書かれていることがあるが、実際には確かめようがないのが実情である。威勢を示すために軍勢の数を過大に書いている場合もあるし、逆にいかに少数で敵を打ち破ったかを強調するため、あえて数を少なく記すこともある。すでに取り上げたとおり、百石《こく》につきおおむね三〜五人の軍役《ぐんやく》が妥当なので、その基準によって兵数を見積もる必要がある。

ましてや戦場で具体的にどう戦ったのかは、余計にわからない。軍記物語には書かれていることもあるが、どこまで信用してよいのか難しい。あまりに華々しい戦いぶりや劇的なものは、疑ってかかるべきだろう。

出陣した将兵が、戦後、自らの軍功を子孫に伝えるため、覚書《おぼえがき》や奉公書《ほうこうがき》を書き残すことがある。それらのなかには信憑性《しんぴょう》が高いものもあるが、軍功を強調するあまり、信が置き難いものもある。第五章で記したとおり、軍師の活躍や「啄木鳥《きつつき》戦法」「車懸《くるまが》かりの陣」などの作戦が用いられた記述もあるが、信用に値しないものである。

さらに大きな問題として挙げられるのは、戦国時代の戦争を論じる際に、近代戦の理論をそのまま当てはめる傾向が強いということだ。戦国時代の軍隊と近代の軍隊は、本質的に違っている。軍事行動も同様であろう。その点を考慮せずに、近代戦の理論でもって戦国時代の戦争を理解しようとすると、大きな誤りを犯すといえよう。

つまり、戦国時代の戦争の具体的な中身や経過を知るのはきわめて困難で、比較的確実にわかるのは戦争直前の行軍ルート、そして戦後処理になろう。本章では、その点に留意して、それぞれの戦いを例示しつつ、野戦や攻城戦について述べる。

信長の戦術①――桶狭間の虚と実

永禄《えいろく》二年（一五五九）、尾張《おわり》（愛知県）国内をほぼ統一した織田信長は、いまだ今川《いまがわ》氏方の勢力下にあった鳴海《なるみ》城・大高《おおだか》城（以上、名古屋市緑区）の奪還を目論《もくろ》んだ。信長は鳴海城に丹《たん》下《げ》・善照寺《ぜんしょうじ》・中島の三砦《とりで》、大高城に鷲津《わしづ》・丸根の二砦を付城《つけじろ》として築き、今川氏に対して積極的な軍事行動を展開した。

信長の動きに対して、翌永禄三年（一五六〇）五月十二日、今川義元は信長を討《う》つべく駿府《すんぷ》（静岡市）を発《た》った。そして、義元は三河《みかわ》（愛知県）を通過して、五月十八日に尾張沓掛《くつかけ》城（愛知県豊明《とよあけ》市）に入ったのである。なお、義元が出陣した理由については、上洛《じょうらく》を目指したとの説もあるが、明らかにするのは難しい。

今川氏が率いた軍勢は、『信長公記』では四万五千人と書かれている。しかし、そのほかの二次史料では二万～六万人と書かれており、大きな幅がある。正確な数はわからないが、この場合は良質な『信長公記』の数を採るべきだろう。とはいえ、それでも今川軍は多すぎるのではないだろうか。

慶長期《けいちょう》の段階ではあるが、今川領国《りょうごく》の駿河《するが》・遠江《とおとうみ》（静岡県）の石高《こくだか》は約四十万石である。これを基準にして、百石に三人の軍役ならば一万二千人になる。百石に四人の軍役ならば一万六千人、百石に五人の軍役ならば二万である。つまり、『信長公記』に書かれた四万五千人という数字は、通常の約二・二倍から約三・七倍になる。

むろん、『信長公記』を書いた太田牛一が今川軍の兵数を数えたわけではないだろうから、織田軍が少数で大軍を破ったことを誇張して書いたか、感覚的にそう書いたのかのどちらかだろう。ただ、仮に今川方が総力戦で臨んだとするならば、四万五千人というのもありえたかもしれない。

義元が沓掛城に到着した日、松平元康《まつだいらもとやす》（のちの徳川家康《とくがわいえやす》）に命じて、大高城に兵糧《ひょうろう》を搬入させた。大高城は織田軍によって、長期にわたって兵糧の補給路を断たれていたからである。翌五月十九日、義元は配下の武将に命じて、鷲津・丸根両砦を攻撃させた。そして、桶狭間まで進み、今川氏は本陣を置いたのである。桶狭間は、名古屋市緑区と愛知県豊明市にまたがる広範な地域である。

次に、信長の動きを『信長公記』で確認しておこう。五月十八日夜、信長は今川軍が翌朝に織田方の付城を攻撃する予定であるとの報告を家臣から受けた。しかし、信長はまったく意に介する様子もなく、家臣と今川軍への対抗策について協議しようとはしなかった。逆に信長は、終始雑談に興じていたと伝わっている。

付城とは、本城とは別に要所に築いた城（出城）のことで、攻撃の拠点として敵城の近くに築いた城（向かい城）のこともいう。

五月十九日の明け方、鷲津・丸根両砦が今川軍に攻撃されているとの一報が信長にもたらされた。すると、信長はにわかに幸若舞《こうわかまい》の「敦盛《あつもり》」を舞うと、その直後に騎馬六騎・雑兵《ぞうひょう》二百人を率いて出陣した。やがて、信長は鳴海城の付城・善照寺砦に入ると、後続の軍勢約二千〜三千人がやってくるのを待ったという。

その一方で、信長家臣の佐々隼人正《さっさはやとのしょう》・千秋四郎《せんしゅうしろう》が率いる三百余の軍勢は、今川軍へ攻撃を仕掛けた。しかし、佐々らの軍勢は奮戦虚《むな》しく敗北を喫し、佐々・千秋らを含めて五十騎程が討ち死にする。戦況は、信長にとって不利に傾いていた。

信長の奇襲戦はほんとうか？

ここから信長は一計を案じ、今川軍への奇襲攻撃を敢行する。有名な「迂回《うかい》奇襲説」だ。小瀬甫庵の『信長記』（以下、太田牛一の『信長公記』と区別するため、『甫庵信長記』で表記を統一）により、経過を確認しておこう。

善照寺砦を出た信長は、今川義元の本隊が窪地《くぼち》になっている桶狭間で休息を取っていることを知った。信長は前田利家《まえだとしいえ》が敵の首を持参したので、これは幸先《さいさき》が良いと大いに喜んだ。利家は信長から出仕の停止を受けていたが、独断で行動していたようだ。

そして、信長は味方の軍勢に敵、つまり今川氏本陣の後ろの山に移動するよう命令した。この移動が奇襲戦の端緒になった。さらに、信長は山の近くまでは旗を巻いて忍び寄り、義元がいる今川本陣に攻撃するよう命じたのである。旗を巻いたというのは、自軍の行動が目立たないようにするためだ。

信長が密《ひそ》かに軍事行動を起こした頃、急に大雨が降りだし、その後は霧が深くなっていたという。義元のほうも、このような悪天候の日にまさか織田軍が攻めてこないだろうと油断していた。前章で触れたとおり、作戦の立案に際しては、天候の良し悪しを重要視していた。当時の常識的な考えとして、今川氏の予想は当然の判断といえるかもしれない。

信長の作戦は、天候も運も作用した。そうした状況をも信長は味方にし、今川氏の本陣を密かに迂回。気付かれぬように背後の高台から奇襲攻撃を仕掛け、今川軍が大混乱に陥るなか、義元の首を獲《と》ったのである。

以上の流れが通説となった「迂回奇襲説」である。

右の「迂回奇襲説」が通説となり、長らく信じられてきたのには、もちろん理由がある。近世になると、『甫庵信長記』は、太田牛一の『信長公記』よりも広く知られるようになり、強い影響力を持つようになった。近代以降、旧日本陸軍参謀本部が明治《めいじ》三十二年（一八九九）に

『日本戦史・桶狭間役』を編纂《へんさん》すると、『甫庵信長記』の説を採用した。結果、日本陸軍参謀本部が信長の奇襲攻撃にお墨付きを与えたことになり、権威を持って世間に広く受け入れられることとなったのである。では、『甫庵信長記』はどういう書物なのか。

『甫庵信長記』は元和《げんな》八年（一六二二）に成立したといわれてきたが、今では慶長十六、十七年（一六一一、一二）説が有力である。江戸時代に広く読まれたが、創作なども含まれ、儒教《じゅきょう》の影響も強い。そもそも『甫庵信長記』は、太田牛一の『信長公記』を下敷きとして書かれたものである。しかも、『信長公記』が客観性と正確性を重んじているのに対し、甫庵は自身の仕官を目的として、かなりの創作を施したといわれている。それゆえ、内容は小説さながらのおもしろさで、江戸時代には刊本として公刊され、『信長公記』よりも広く読まれた。

新説・正面攻撃説と、残る疑問

「迂回奇襲説」は通説となったが、果敢に批判を試みたのが藤本正行《ふじもとまさゆき》氏である（藤本：二〇〇三）。藤本氏は『甫庵信長記』と『信長公記』の記述内容を比較検討し、両者の記述に食い違いがあることを問題とした。通説を詳細に分析した藤本氏は、『信長公記』を根拠にした「正面攻撃説」を提唱したのである。

改めて『信長公記』の記述内容により、戦闘の経過と「正面攻撃説」を検証しよう。

信長は佐々らの敗北を知った後、家臣の制止を振り切って出陣した。そして、信長率いる軍勢は、中島砦へ向け進軍していた今川軍の前軍へ正面から軍を進めた。前軍は先陣、先鋒《せんぽう》、先手ともいい、前方の軍隊や先頭に立つ軍隊のことを意味する。信長軍が山の裾《すその》野まで来ると大雨が降ったものの、信長は雨がやむと即座に今川軍への攻撃命令を下したのである。

信長軍が怒濤《どとう》の勢いで攻め込んできたので、今川軍の前軍は総崩れになった。信長はそのまま勢いに乗じて今川軍の前軍を押し込めると、義元の本陣までどっと雪崩《なだ》れ込んだのである。信長軍の攻撃を受けた義元は、約三百騎の将兵に守られつつ本陣を退いた。その後も今川軍は信長軍と交戦したが、味方の将兵は次々と討ち取られ、ついに義元は毛利《もうり》新介《しんすけ》（良勝《よしかつ》）に首を獲られたのである。

根拠となった『信長公記』を執筆した太田牛一は信長の家臣だった。牛一は日頃からメモを残しており、慶長八年（一六〇三）頃には『信長公記』を完成させたという。牛一の執筆態度は、事実に即して書いていると指摘されており、一次史料と照合しても正確な点が多い。そうした理由から、『信長公記』は二次史料とはいえ、信長研究で必要不可欠な史料であり、おおむね記事の内容は信頼できると高く評価されている。

現時点において、「正面攻撃説」は信憑性の高い『信長公記』に書かれているので、史料的な質が劣る『甫庵信長記』に書かれた「迂回奇襲説」より有力な説となっている。とはいえ、先述のとおり『信長公記』も二次史料であることを忘れてはならず、一つの有力な説と考えるにとどめるべきだろう。

その後、「桶狭間の戦い」については、なぜ少数の信長軍が大軍の今川氏を打ち破ることができたのかについて、種々新説が提起された。たとえば、信長軍の将兵はよく訓練されていたなどもその一つであるが、もはや確かめようがない。それらの新説は、おおむね信頼度の低い二次史料に基づく憶測のようなもので、納得できるものではない。

ごく常識的に考えると、寡兵の信長軍が大軍の今川軍を打ち破るのは困難である。だが、少なくとも、信長軍が今川軍の隙や油断を突いたのはたしかなことだろう。迂回か正面かはおくとしても、当日の天候や時間帯を考慮して、冷静沈着に突撃の判断をしたのは、間違いないと考えられる。

信長の戦術②――「長篠の戦い」の真相

次に、もう一つ信長の戦いとして有名な「長篠の戦い」を取り上げておこう。

天正《てんしょう》三年（一五七五）五月、三河侵攻を目論んだ甲斐《かい》（山梨県）の武田勝頼《かつより》は、約一万五千の兵を率いて三河に出陣した。そして、勝頼は徳川家康の部将・奥平貞昌《おくだいらさだまさ》（のち信昌《のぶまさ》）が守備する長篠城（愛知県新城市《しんしろ》）を三河進攻の拠点とすべく、長篠城北側の医王寺《いおうじ》に本陣を構えた。加えて、長篠城の周囲には鳶ノ巣《とびのす》（鳶ヶ巣）砦などの付城群を構築したのである。一方、武田軍に対抗する長篠城の守兵は、わずか五百余といわれている。多勢に無勢だった。

家康は長篠城を救うために出陣を決意するが、徳川方の軍勢はわずか五、六千に過ぎなかった。少勢では、武田軍に対抗できるはずがない。そこで、家康は同盟関係にあった織田信長に援軍を依頼すると、かねてから武田氏を討つ機会をうかがっていた信長は、五月十三日に三万余の軍勢を率いて出陣したのである。

五月十八日、信長軍は長篠城から西に約六キロメートル離れた設楽郷極楽寺《したらごうごくらくじ》（愛知県新城市）に本陣を構えた。信長配下の部将や家康の率いる軍勢は、連吾川《れんごがわ》沿いに陣を置いたという。それぞれの陣の前には、馬の侵入を防ぐ馬防柵《ばぼうさく》が築かれた。一説によると、さらに土塁も築かれたといわれている。

五月二十日、勝頼は織田・徳川連合軍の動きに対応すべく、本陣を医王寺から連吾川前に移動させ、勝頼配下の部将は連吾川沿いに陣を置いた。これにより、両軍は連吾川を挟んで約五百メートルの距離で対峙《たいじ》したのである。武田軍の動きに対して、織田・徳川連合軍はただちに反応した。

同日夜、織田・徳川連合軍は、軍勢が乏しくなった武田方の鳶ノ巣山砦などを急襲すべく、家康の家臣・酒井《さかい》忠次《ただつぐ》を大将とする約四千の別働隊を向かわせた。翌五月二十一日、山岳地帯を抜けた別働隊は、朝から鳶ノ巣砦ほか付城群を急襲したのである。奇襲攻撃を受けた鳶ノ巣砦の武田軍は、予想外のことだったのでたちまち大混乱に陥った。やがて、武田方の砦は次々と落とされ、武田軍は壊滅。連吾川に陣を敷いた武田軍は、完全に退路を断たれたのである。

激突！ 武田騎馬軍団VS織田鉄砲部隊

五月二十一日、ついに武田軍は、連吾川を挟んで対峙していた織田・徳川連合軍に攻撃を仕掛けた。以下、通説により戦いの経過を確認しよう。

武田軍の最大の武器は、戦国最強といわれた強力な騎馬隊だった。一方の織田・徳川連合軍は最強の武田騎馬隊に対抗するため、最新兵器の三千挺《ちょう》もの鉄砲を用意した。この鉄砲の使い方が目新しいものだった。

織田・徳川連合軍は、鉄砲隊を千挺ずつ三段に構えた。そして、一列目が射撃をすると、二列目・三列目が玉込めを行う。一列目が射撃を終えると、そのまま鉄砲隊の一番後ろへ下がり、二列目・三列目が射撃を行う間に玉込めを行ったのである。二列目以降も射撃をすると、同様に鉄砲隊の一番後ろへ下がり、これを繰り返して、次々と射撃をしたのである。

この方式では、火縄銃の玉込めに時間がかかるという欠点を解消し、しかも鉄砲隊が代わる代わる交代することで、連続して射撃することが可能になった。これが「三段撃ち」といわれる新戦術で、のちに戦国時代の軍事革命であるとさえ評価された。

一方、武田軍は最強の騎馬隊で、得意の波状攻撃を織田・徳川連合軍に繰り出した。しかし、騎馬隊は馬防柵に進路を阻まれ、運良くすり抜けても織田・徳川連合軍の鉄砲隊の餌食《えじき》になった。結果、武田軍の騎馬隊は壊滅し、多数の将兵が戦死した。武田氏は敗戦により、以後も退潮を盛り返すことができず、天正十年（一五八二）三月に滅亡したのである。

右の通説は、先に取り上げた『甫庵信長記』、そして『甲陽軍鑑《こうようぐんかん》』の記述をもとにして、旧日本陸軍参謀本部が明治三十六年（一九〇三）に著した『日本戦史・長篠役』で通説の地位を確立し、以降は、広く一般に定着したのである。

ここで『甲陽軍鑑』について少し説明しておこう。『甲陽軍鑑』は江戸初期に成立した軍記で、全二十巻、五十九品で構成されている。これに『末書』三巻・二十七品、『結要本』九品、『竜虎豹《りゅうこひょう》』三品が加わり、兵法の講義の際に用いられた。甲州流兵法のバイブルといえよう。長らく、現存する最古の写本は明暦《めいれき》二年（一六五六）のものと考えられてきたが、現在では元和・寛永《かんえい》頃の版本が最古の写本であると指摘されている。

武田氏研究の基本文献の一つであるが、記述内容は玉石混交《ぎょくせきこんこう》で、必ずしもすべてにわたって正しいことを書いているわけではない。かつては、偽書とさえいわれたことがある。したがって、同書の「長篠の戦い」の記述も、すべて鵜呑《うの》みにするわけにはいかないだろう。

「三段撃ち」への批判

「武田騎馬軍団対織田鉄砲部隊」という通説に対し、批判をしたのが、先の藤本正行氏である（藤本：二〇〇三）。藤本氏の批判の要点は、次のとおりである。

①織田軍が代わる代わる一斉射撃を行った場合、武田軍を射程範囲に捉えていない銃兵も射撃せざるを得ないので不経済である。つまり、無駄な弾を発射するということである。

②当時、三千もの銃兵に対して、一斉射撃の指示をする方法があったとは考えられない。つまり、大声を出しても聞こえないということである。

③玉込めの発射準備に要する時間は、個人によって技量の差がある。発射に際しては、技量の低い銃兵にタイミングを合わせる必要があるので、三段撃ちは非現実的である。つまり、技量の低い銃兵を基準にすると、非効率ということになろう。

鉄砲の三段撃ちに関しては、信頼性の低い『甫庵信長記』のみに書かれており、ほかの信頼できる良質な史料には記述がないことから、織田・徳川連合軍による三段撃ちはなかったと結論付けた。なお、織田・徳川連合軍の鉄砲数三千挺という数についても疑義を提示しているが、この問題は書誌学的なものなので省略する。

武田方の騎馬隊については、鈴木眞哉《すずきまさや》氏から疑問が提示された。鈴木氏の批判の要点は、次のとおりである（鈴木：二〇〇三）。

①戦国時代において馬に騎乗できる者は、指揮官クラスの者であるが、その数は軍役《ぐんやく》を見る限り多いとはいえない。つまり、多くの騎馬武者を準備するのは、難しかったのではないかということである。

②騎馬する者が少ないことから、騎馬隊を編制することは難しく、また騎乗者だけで騎馬隊を編制することは、徒歩兵を指揮する者がいなくなるので現実的ではない。つまり、指揮官クラスの者がすべて騎馬隊に加わると、戦闘の指揮が困難になるということである。

③フロイスの『日本史』にも日本人は下馬して戦うと記述されているように、日本では騎馬による戦闘はほとんど行われなかった。自軍が退却するとき、あるいは退却する敵を追撃するときなど以外では騎乗して戦わなかった。

④『甲陽軍鑑』には、一つの部隊で騎乗していたのは、隊長と役職に就いていた七、八人だけで、これ以外の者は下馬して馬を後ろにひかせ、一団となって鑓《やり》で攻撃したとの記述がある。つまり、武田軍は馬から下りて戦っていた。

以上の批判から、武田軍には騎馬武者だけで編制された騎馬隊、戦闘員の大部分を騎兵で構成する騎馬軍団はなかったという結論に至った。

「三段撃ち」への批判に対する反論

藤本説、鈴木説に対して反論したのが、平山優《ひらやままさる》氏である（平山：二〇一四）。まず、三段撃ちに関する反論を確認しよう。

①『甫庵信長記』『信長公記』の「段」の使用例を検討すると、「段」が部隊を示すことが確認できる。

②つまり、三段撃ちとは、鉄兵のみで構成された三部隊を三ヵ所に配置したという意味であり、通説でいうところの三段撃ち（鉄砲部隊が三段に分かれて交代で撃つこと）は史料の誤読である。

以上の反論をしたうえで、「長篠合戦図屏風《びょうぶ》」では、前列に座った銃兵、後列に立った銃兵が描かれていること、また、中国の明《みん》の記録には豊臣秀吉《とよとみひでよし》の朝鮮出兵に際して、日本軍が輪番射撃を行ったとの記述があることから、織田・徳川連合軍は交代で射撃した可能性があることを指摘した。

次に、騎馬隊に関する反論である。

①武田家で騎乗していたのは指揮官だけでなく、一騎合衆や軍役衆という下級武士、あるいは家臣達が軍役として負担した騎乗の家来や傭兵《ようへい》などが存在した。

②『甲陽軍鑑』には馬上戦闘の記載が確認でき、「武田信玄《しんげん》旗本陣立図」に騎馬のみで編制された馬之衆などの記述がある。

③『信長公記』には織田・徳川連合軍が馬防柵を作ったとあること、また武田軍が馬で攻めてきたと書かれていることから、武田軍は騎馬攻撃を行っていたと考えられる。

以上の点から、武田家に騎馬隊があったと結論付けたのである。

このように武田騎馬軍団対織田鉄砲部隊という構図には、侃々諤々《かんかんがくがく》の議論が展開された。しかし、いずれも二次史料やほかの戦いにおける鉄砲隊や騎馬隊の事例を根拠にしており、もう一つ決定打に欠ける。限界があるといわざるを得ない。

野戦の場合は多くが短期決戦であり、戦いの最中に戦闘の詳細にわたって記録を残すことは至難の業《わざ》である。ましてや、戦闘経過が一次史料に克明に記されている例は聞かない。また、ほかの合戦例についても安易に援用するのではなく、慎重になるべきだろう。少なくとも、二次史料の記述はドラマチックなものが少なくないが、大半は脚色などが多く信頼性に欠けるといわざるを得ない。その辺りの史料批判が今後の研究のカギになろう。

長期戦の常道「兵糧攻め」のメリットとデメリット

野戦が短期間で決着し、戦闘経過がわかりづらい反面、兵糧攻めは戦いが長期におよぶので、戦闘経過は詳しいことがわかるケースもある。そもそも兵糧攻めとは、どういう戦いだったのだろうか。

兵糧攻めとは文字通り「敵の兵糧補給路を断《た》ち、兵糧を欠乏させることによって打ち負かす攻め方」のことであり、「兵糧詰め」「食攻め」ともいう。中世においては、築城技術が発達した戦国時代に多用された作戦である。では、兵糧攻めには、どんなメリットとデメリットがあったのだろうか。まずは、攻撃側から確認しよう。

第一のメリットとしては、将兵の消耗が少なくて済むという点だ。野戦などで敵と交戦すると、死傷者が続出するのが常であり、決して避けることができなかった。しかし、兵糧攻めは基本的に敵の城を攻囲するだけなので、籠城《ろうじょう》側が果敢に戦いを挑んでこない限り、将兵の死傷者が少なくて済む。

第二のメリットとしては、敵の補給路を断つこと、それに伴って情報も遮断《しゃだん》することができるという点である。敵は兵糧や武器がなくなると、当然長く籠城を続けることができない。また、情報が入手できなくなると、不安に陥るのは当然であろう。こうして敵は、最終的に降参せざるを得ない状況に追い込まれることになる。

以上の点からもわかるように、籠城戦の最大のメリットは、中国古代の兵法書『孫子《そんし》』にあるような、「戦わずして勝つ」という点にあろう。

次に、攻撃側のデメリットを考えてみよう。

大きなデメリットは、長期戦になる点である。長期戦になることにより、兵糧や武器の調達が長期にわたるなど、多大な財政支出を必要とすることになる。また、暑い夏、寒い冬になると暑さ寒さが体に応《こた》え、長期にわたる籠城戦は困難になる。同時に、将兵の士気を維持するのが難しくなり、ときに戦場から故郷へと逃亡する者もいた。

したがって、攻撃側には籠城戦が長期間にわたるという覚悟はあったに違いないが、それでもできるだけ早く敵の城を落城させる必要があった。攻撃側の兵糧や武器が不足し、攻囲を解いて自国に逃げ帰る例は少なくない。たとえば、天文《てんぶん》九年（一五四〇）から翌年にかけて、尼子《あまご》氏は毛利《もうり》氏が籠《こも》る吉田郡山城《よしだこおりやま》（広島県安芸高田市《あきたかた》）を攻撃した。しかし、尼子氏は戦いを優位に進めながらも、最後は兵糧などの不足により撤退した。兵站《へいたん》の準備は、第四章で説明したとおり非常に重要な意味を持ったのである。

次に、籠城側のメリットとデメリットを考えてみよう。まずはメリットである。

第一のメリットとしては攻撃側と同じく、将兵の消耗が少なくて済むという点である。基本的に敵陣に出撃することは少なく、城に籠っているだけだからである。とはいえ、ときには敵の虚を突いて、出撃することはあった。

第二のメリットとしては、堅牢《けんろう》な城に守られているため、少ない将兵で大軍と対抗できた点である。野戦では将兵の数が勝敗のカギを握ることが多いが、籠城すれば少ない兵でも十分に渡り合えたのである。

第三のメリットとしては、第二のメリットを生かしつつ、援軍を期待できるという点である。援軍のことを「後巻《うしろま》き」という。城内の将兵と援軍とで敵を挟撃し、撤退させることも十分に可能だった。

デメリットは攻撃側と同じく、あるいはそれ以上に食糧や武器の調達が困難になることだ。攻撃側は、まず城の周囲に付城を築き、交通路を遮断する。同時に水の手を断《た》った。やがて、籠城側の食糧や武器が尽き、降参に追い込まれる。援軍が来れば状況は異なるが、来なければ(あるいは近づくことができなければ)敗北は必至だった。

籠城戦のカギを握った兵糧の調達法

籠城戦では、どのように兵糧を調達していたのだろうか。

すでに触れたとおり、基本的に戦国時代の戦争では、各将兵が当座の兵糧を自弁することになっていた。しかし、長期の兵糧攻めでは、個人的な努力で兵糧を準備するのが困難なのは自明である。城内に備蓄した兵糧は、十分ではなかったかもしれないが当座はしのぐことができただろう。しかし、合戦が長期戦になるようならば、量が足りなくなることもあった、

戦国大名は御用商人を召し抱えており、彼らが兵糧調達をサポートすることもあった。御用商人は兵糧と武器を調達し、小荷駄《こにだ》隊と称する、兵站を担当する部隊がこれを運搬した。戦地が遠隔地の場合は、海路を船で運搬し、馬に乗せて陸路から兵糧を運ぶこともあった。むろん、言い値で買うのではなく価格交渉をし、折り合いがつかなければ、別の商人から買うこともあった。

御用商人から調達した兵糧だけでは足りない場合は、周辺の村々から強奪することもあった。また、生育中の農作物を刈って兵糧とすることもあり、これは籠城側の兵糧を奪うことにもつながった。ほかにも、兵糧調達の方法はあった。たとえば、川や海が近くにあれば、魚、貝、海藻などを採集し、調理することもあった。さらに食べることができる野草なども採集し、兵糧としたのである。

一方、籠城側は先述のとおり城内に食糧を備蓄していたが、足りない場合は御用商人から購入した。あるいは、同盟関係にある大名から兵糧を提供されることがあった。そこで、攻撃側は「米留《こめどめ》」「荷留」といって、商人の籠城側への食糧搬入を阻《はば》もうとした。同じく、攻撃側は城へ通じる主要な街道を封鎖し、武器なども含めて補給路を断ったのである。

兵糧攻めの手順

最後に、兵糧攻めの手順を確認しておこう。

攻撃側は本陣を定めると、敵を包囲すべく土塁や柵を築いた。また、付城という小さな砦を随所に築き、軍勢を置いた。こうして城を完全に包囲し、兵糧攻めの準備は完了する。その後、攻撃側は籠城側の補給路を断ち、同時に城の周囲の稲を刈るなどし、本格的な兵糧攻めを展開する。また、城内に通じる水の手を断つことも重要なことだった。水がなければ、人間は生きていけないからだ。

籠城側も周囲に付城を築き、さらに味方の支城と連携することで対抗するが、攻撃側はそれらを落とすことで戦いを有利に進めようとした。籠城側には後巻きという援軍がやってくるが、これを撃退すれば、もはやほとんど勝利を手にしたようなものだ。こうして籠城側は孤立を余儀なくされ、やがて城内に厭戦《えんせん》ムードが漂うことになる。

その後、攻撃側は調略戦を仕掛け、城内から内応者を募《つの》った。調略がうまくいけば、内応者が城内で反乱を起こしたりするので、その動きに乗じて一気に城内へと突撃する。あるいは、降伏するよう求め、一定の条件を付けた。城主やその一族に切腹を科し、代わりに城兵の命を助けるという条件が多かった。籠城側が条件を飲めば、降伏・開城へと手続きは進んでいく。

兵糧攻めで忘れてならないのは、城内で飢えに苦しむ将兵たちである。餓死《がし》者が出ると、城内には伝染病が蔓延《まんえん》することもあった。兵糧不足に苦しむ城兵は、馬や鼠《ねずみ》などの小動物、壁の漆喰《しっくい》の藁《わら》を食し、最後は人肉すら食らったという。ある意味で、兵糧攻めは非人道的な作戦だったのかもしれない。

兵糧攻めは、単なる長期戦ではなかった。城を取り巻きながらも、できるだけ短期で終結するようあらゆる策を講じた。調略戦を仕掛けるなどは作戦の一つで、多方面から降伏・開城を迫った。戦国期の早い段階では、攻撃側の兵糧が尽きて撤退することもあったが、豊臣秀吉の時代になると、圧倒的な物量戦で籠城側を落城に追い込んだのだ。

以下、兵糧攻めの代表例を取り上げるが、煩雑《はんざつ》さもあるので、史料の注記は最小限にしている。また適宜、二次史料の記述を挙げて、兵糧攻めの残酷な状況をあらわした。

兵糧攻めの実際①——三木の干殺し

天正五年（一五七七）十月、織田信長は毛利氏と対決すべく、羽柴《はしば》（豊臣）秀吉に中国計略を命じた（『信長公記』）。秀吉は信長の期待に応《こた》え、上月城《こうづき》（兵庫県佐用町）などの諸城を次々と落とした。秀吉が中国計略を進めるうえで、もっとも頼りにした武将が三木《みき》城（兵庫県三木市）主の別所長治《べっしょながはる》である。しかし、天正六年（一五七八）二月、長治は秀吉に反旗を翻《ひるがえ》し、毛利方に寝返ったのである。

ここから戦国史上に類を見ない凄惨《せいさん》な兵糧攻め、いわゆる「三木の干殺《ほしごろ》し」が展開される。

三木城をめぐる攻防で注目されるのは、付近の諸城での戦いだ。天正六年四月、毛利氏は加古郡別府《べふ》（兵庫県加古川市）から侵攻しようとし、阿閉《あつじ》城で別所重棟《しげむね》と戦った。秀吉は黒田官《くろだかん》兵衛《べえ》を遣《つか》わし、これを撃退している。ほぼ同じ頃、野口城主の長井氏、神吉《かんき》城主の神吉氏、志《し》方《かた》城主の櫛橋《くしはし》氏が、それぞれ秀吉に降参した。別所氏は加古川付近の城を次々と落とされ、苦境に立たされる。

秀吉が加古川付近の別所方の城を落とした理由は、毛利方が海上から三木城へ兵糧を運搬する経路を断つためである。海上から三木への経路を断たれた毛利氏は、ただ戦況を見守るしかなかった。同年七月、秀吉は三木城を見下ろす平井山に城を築くと、一斉に付城を構築した。三木城の周囲に付城を築いたのは、兵糧や情報のルートを断つためだ。秀吉が築いた付城の数は、尋常《じんじょう》な数でなかった。

当初、付城は二、三ヵ所ほど、三木城の向かいに築城された。その後、加古口にも付城が築かれ、海上からの毛利氏の上陸を困難なものした。さらに、三木城の西方面の道場河原、三本松（以上、神戸市北区）にも、付城は築かれた。天正八年（一五八〇）になると、付城の数は五十から六十にもなったという（『信長公記』）。こうした秀吉の付城による包囲網は、じわじわと別所陣営を追い詰める。

秀吉に付城を築かれたので、別所氏の兵糧搬入はきわめて困難になった。天正六年（一五七八）十月に荒木村重《あらきむらしげ》が信長を裏切った直後、有岡城《ありおか》（兵庫県伊丹市）から花隈城《はなくま》（神戸市中央区）、丹生山《にぶやま》、淡河《おうご》（以上、神戸市北区）というルートで兵糧が搬入されていたが、秀吉は淡河に砦を築いて阻止した。この時点において、三木城への兵糧搬入ルートはほぼ断たれたのである。

天正七年（一五七九）六月、毛利氏は鵜飼元辰《うがいもととき》らを派遣し、三木城に兵糧を搬入しようとした。鵜飼氏らは明石《あかし》の魚住《うおずみ》に着岸し、三木城へ兵糧を運ぼうとしたが、秀吉は三木から魚住のルートを遮断すべく付城を築いた。付城には番屋、堀、柵、乱杭《らんぐい》、逆茂木《さかもぎ》を設け、表には荊《いばら》を引き、深い堀が設置された。それは、獣や鳥も逃れ難い包囲網だったという（『播州御征伐《せいばつ》之事』）。それでも毛利方は、兵糧の搬入を試みた。

同年九月十日、芸州（毛利氏）、紀州雑賀《さいが》、播磨《はりま》の衆が三木城に兵糧を搬入すべく動いた。御着《ごちゃく》（小寺《こでら》氏）、曽禰《そね》、衣笠《きぬがさ》の諸氏ら播磨の衆の援軍には、別所方の勢力も加わった。毛利方の軍勢は美囊川《みのうがわ》を北に迂回し、大村（兵庫県三木市）の付城の谷衛好《たにもりよし》を襲撃し、これを討った（「大村合戦」）。この戦いで、三木城にはわずかばかりの兵糧が入ったのかもしれないが、とうてい十分なものではなかったに違いない。

天正七年十月以降、秀吉は南の八幡山、西の平田、北の長屋、東の大塚に付城を築き、三木城を本格的に包囲した。付城の二重にした塀には石を投げ入れて、重ねて柵を設けた。また、川面には簗杭《やなぐい》を打ち込んで籠《かご》を伏せて置き、橋の上には見張りを置いた。城戸を設けた辻々《つじつじ》には、秀吉の近習《きんじゅう》が交代で見張りをしたのである。

付城に入るには守将が発行する通行手形が必要で、それがなければ一切通過を認めなかった。夜は篝火《かがりび》を煌々《こうこう》と焚《た》き、まるで昼間のようだったという。もし油断する者があれば、上下を問わず処罰し、重い場合は磔《はりつけ》となった。当然、三木城には兵糧が入らず、やがて城内には飢餓に伴う惨劇が発生した。

三木城内の兵糧が底を尽くと、餓死者が数千人に及んだという。はじめは糠《ぬか》や飼葉《かいば》（馬の餌）を食していたが、それが尽きると牛、馬、鶏、犬を食べた。当時、あまり口にされなかった肉類にも手が及んだのである（『播州御征伐之事』）。それだけでなく、ついには人を刺し殺し、その肉を食らったとさえ伝わる。その空腹感は、想像を絶するものがあったに違いない。その惨状は「本朝（日本）では前代未聞のこと」と記録されており、城内の厳しい兵糧事情を端的に物語っている。

年が明けて天正八年（一五八〇）一月、秀吉は三木城への総攻撃を開始し、落城寸前にまで追い込んだ。秀吉は三木城内の長治、賀相《よしすけ》、友之《ともゆき》に切腹を促し、引き換えに城兵を助命する条件を提示した。結果、別所一族は切腹して長い戦争は終結した。近年、秀吉は約束を反故《ほご》にし、長治らの切腹後に別所方の城兵を皆殺しにしたという新説も提起されており、今も議論が続いている。

別所氏の敗因は、毛利氏の後巻《うしろま》き（援軍）を得て秀吉の付城を突き崩すことができなかったことだ。それゆえ、毛利氏の播磨上陸が不可能になると、兵糧も武器も搬入されず、まったくの孤立無援になった。有岡城における荒木村重の苦戦も大きな誤算だったであろう。つまり、秀吉の付城の包囲網が功を奏したといえよう。

一方の秀吉は、戦いで将兵を消耗することなく、長期戦に持ち込んだことが勝因だった。加えて、戦いの途中で宇喜多直家《うきたなおいえ》は毛利氏が不利と考え、天正七年(一五七九)十月に織田方に寝返った。兵糧攻めは、周囲に優勢を伝える大きな宣伝になった。この戦いを機にして、秀吉は兵糧攻め、水攻めを多用するようになる。

兵糧攻めの実際②——上月城の戦い

「上月城の戦い」は二度あった。天正五年(一五七七)十月、織田信長から中国計略の命を受けた羽柴(豊臣)秀吉は、毛利方に与《くみ》した赤松政範《あかまつまさのり》が籠る上月城の攻略に成功する。戦後、秀吉は、毛利に敗れて出雲《いずも》(島根県)を出奔《しゅっぽん》し、流浪生活を送っていた尼子勝久《かつひさ》と山中鹿介《やまなかしかのすけ》に上月城の守備を任せた。山中鹿介は尼子氏再興のために奔走しており、この機会に実現しようと意気揚々としていた。

この戦いで注目すべきは、攻城戦に出陣していた生駒親正《いこまちかまさ》が上月城の水の手を断《た》って、勝利に貢献したことである(「生駒家宝簡集」)。これにより親正は、秀吉から知行を与えられた。一回目の戦いは、比較的短い期間で終結した。

ところが、天正六年（一五七八）になると、状況は一変する。同年二月に三木城主・別所長治が織田方から離反すると、同年四月に毛利方は上月城を包囲した。上月城に籠っていたのは、尼子氏と山中氏をはじめ、出雲（島根県）、伯耆《ほうき》・因幡《いなば》（鳥取県）、美作《みまさか》（岡山県）の牢人《ろうにん》衆だったという。牢人衆たちは、尼子氏の旧臣であろう。

同年五月以降、毛利方には宇喜多直家などが加わった。織田方も秀吉のほかに、荒木村重、明智光秀が援軍に馳《は》せ参じた。この頃に発給された毛利方の吉川元長《きっかわもとなが》の書状によると、毛利軍は約三万、上月城内には約一万の兵が籠っていたという（「吉川家文書」）。兵力は、圧倒的に毛利方が勝っていた。急なことでもあり、上月城内に約一万の将兵の兵糧を準備することは、かなり困難だったに違いない。

同年六月の元長の書状によると、早くも上月城内には兵糧が乏しくなったと記されている。しかも城の周囲には、鹿垣、乱杭、逆虎落《さかもがり》、荒堀が築かれ、城外には出られないようになっていた（「牛尾文書」）。同じく元長の別の書状には、上月城内が「水・兵糧一円これなき由」と書かれている（「西禅永興両寺旧蔵文書」）。

おそらく、上月城は水の手も断たれたと考えられる。上月城の近くには、佐用川の支流が流れているが、ここは毛利方に奪われたのだろう。こうして尼子方は、兵糧や水を搬入するルートが断たれてしまう。開戦後すぐ、上月城は苦境に立たされたのだ。

秀吉は上月城の後巻きとして高倉山に出陣していたが、容易に毛利方を打ち破れない。同年六月十六日、秀吉は上洛して信長に面会すると、上月城の陣を引き払うように命じられた。信長は秀吉に対して、まず別所方の神吉、志方の城を攻め、最終的に三木城を落とすように命令したのだ。これには秀吉も逆らえなかった。この直後、秀吉は毛利方と戦い敗北。秀吉は、上月城をあとにする。

秀吉が去った以上、上月城の落城は目前だった。同年七月五日、ついに上月城は毛利方の猛攻に耐え切れず落城した。尼子勝久ら一族は自刃《じじん》して果て、山中鹿介は捕らえられ、のちに斬られた。こうして尼子氏は滅亡したのである。

上月城も三木城と同様に、兵糧の補給が困難になり落城した。味方が救援をあきらめたのも同じである。

兵糧攻めの実際③——有岡城の籠城戦

「上月城の戦い」後の天正六年（一五七八）十月、荒木村重は突如として織田信長に反旗を翻し、有岡城（兵庫県伊丹《いたみ》市）に籠った。村重の謀反《むほん》の動機については諸説あるが、あわてた信長は村重に使者を送り翻意を促した（『信長公記』）。しかし、村重の決意は固く、ついに両者は対決する。村重のバックについていたのは、信長と敵対する大坂本願寺《ほんがんじ》、そして足利義昭《あしかがよしあき》を擁する毛利輝元《てるもと》だった。

ところが、村重には大きな誤算もあった。頼みとしていた高山右近《たかやまうこん》、中川清秀《なかがわきよひで》が、信長の調略によって敵になったことだ。同年十二月八日、織田方は有岡城に総攻撃を仕掛けた。しかし、織田方は敗北を喫し、万見重元《まんみしげもと》が戦死するなど、約二千の兵を失った。有岡城は惣構《そうがまえ》の城だったので、攻めあぐねたのだろう。

惣構とは、城や砦の外郭またはその囲まれた内部のことで、城に加えて城下町一帯も含めた外周を堀や石垣、土塁で囲い込んだものをいう。防禦《ぼうぎょ》に優れた構えだった。

ここで信長は、思い切って作戦を変更した。力攻めの不利を悟った信長は、付城の普請を命じると、長期戦の兵糧攻めに転じたのである(『信長公記』)。付城は十三ヵ所に築かれ、村重が籠る有岡城、村重の長男・荒木村次《むらつぐ》が籠る尼崎城《あまがさき》(兵庫県尼崎市)、同じく従兄弟《いとこ》とされる荒木元清《もときよ》が籠る花隈城との籠城戦に臨んだ。

村重を支えたのは、意外にも近隣の百姓たちだった。花隈城には約千人の百姓が籠り、また同城から信長に敵対する三木城を結ぶ丹生山には、約二千の一揆《いっき》が立て籠った。こうして村重は兵糧の補給路を守り、粘り強く信長に抵抗したのだ。毛利方も尼崎や兵庫(神戸市兵庫区)に上陸し、有岡城に兵糧や武器を搬入しようとした。村重と信長の戦いは、長期に及んだ。

天正七年(一五七九)四月、信長は付城の数を増やすように命じ、村重の包囲網をより強固なものにした。同じ頃、尼崎城に籠る荒木村次は、和睦《わぼく》を考えるまでに追い詰められていた。

同年九月、村重は突如として尼崎城に移った。一説によると、村重は逃亡したようにいわれているが、実際はそうではない。尼崎城は大坂本願寺にも近く、有岡城への重要な兵糧搬入ルートだった。村重は尼崎城を死守すべく、わざわざ有岡城から救援に駆け付けたのではないかと指摘されている。

同年十月になると、有岡城内では寝返る者が続出し、ついに落城も時間の問題となった。有岡城にいた荒木久左衛門《きゅうざえもん》は村重に対して、自分たちの妻子や家臣の助命を条件に尼崎、花隈の両城を開城することを進言し、明智光秀も同様の申し入れを村重に行った。しかし、村重は拒否。信長は村重が命を惜しんで開城を拒否したと激怒し、同年十二月に家臣やその妻子を尼崎城や六条河原（京都市東山区）で皆殺しにした。しかし、これでも戦いは終わらず、村重は花隈城で奮闘した。

天正八年（一五八〇）七月、村重は落城寸前の花隈城を脱出。毛利氏のもとへ逃れるなどし、生き永らえた。その後、村重は道薫《どうくん》と名乗り茶人となり、秀吉に仕えるなどしたという。有岡城の戦いも三木城、上月城の戦いの経過と似通っている。

兵糧攻めの実際④——鳥取城の飢え殺し

天正八年、羽柴（豊臣）秀吉は第一次鳥取城（鳥取市）攻略に着手した。城主の山名《やまな》豊国《とよくに》は降伏に追い込まれたが、城主の地位にはとどまった。しかし、今度は毛利方が鳥取城を攻め、豊国は再び降伏。翌天正九年（一五八一）三月、石見《いわみ》福光《ふくみつ》城（島根県大田市）主の吉川経家《つねいえ》が鳥取城主となった。こうして、後世に「鳥取の飢え殺し」と称される兵糧攻めが展開されたのだ。

経家は混乱する鳥取城内の統制を図りつつ、同城の防備の強化に努めた。出城の雁金山《かりがねやま》城、丸山城（以上、鳥取市）を構築・整備し、鳥取城の防衛地点を築いた。同時に、兵糧の搬入ルートの確保に乗り出す。城の近くには千代川と支流の袋川が流れており、こうした河川交通を活用しようとした。

ところが、大きな誤算があった。経家は兵糧の搬入ルートの確保に努めたが、因幡や伯耆ではこれまでの戦争により圧倒的に兵糧が不足していた。つまり、搬入ルートがあっても、肝心の兵糧が乏しかったのだ。一説によると、秀吉は米を高値で買い占めさせたという（『陰徳太平記』）。米の買い占めによって、城内の兵糧備蓄は困難になった。二次史料の記述であるが、戦争時には米留が行われることが多かったので、米の買い占めもありうる話である。

秀吉は、鳥取城の周辺に住む農民ら約二千を城内に追いやったという。当時、鳥取城内には約千四百の将兵が籠城していたが、農民が入城したことで、兵糧不足はさらに深刻な問題となった。もともと鳥取城内の兵糧の備蓄は、わずか二十日分程度だったといわれているが、消費するスピードが速くなったのだ。

同年七月以降、秀吉の率いる軍勢が再び鳥取城下にやってきた。秀吉は、鳥取城の背後の本陣山（太閤《たいこう》ヶ平《なる》）に本陣を置いた。ほかの秀吉方の軍勢も鳥取城周辺の山地、さらに千代川《せんだいがわ》沿いに陣を置いて鳥取城を攻囲した。加えて秀吉勢は日本海方面を水軍が押さえ、毛利方の船舶を容易に近づけなくしたのである。

城の周囲を取り囲み、河川や海の要衝地《ようしょうち》を押さえることは、兵糧攻めのセオリーである。千代川に陣を敷くことにより、鳥取城は水の手を断たれたことになろう。水は兵糧と同じく、人間にとって必要である。秀吉の「飢え殺し」として有名な鳥取城の戦いは、補給路遮断という手順を踏まえて実行されたのである。

秀吉の包囲網により、千代川との間の物資運搬ルートであった雁金山城、丸山城はうまく機能しえなくなった。日本海側からの毛利氏による兵糧の搬入も、まったく期待できなかった。経家は兵糧を送るよう毛利氏に要請するが、毛利氏も容易に鳥取城に近づけず、搬入はきわめて困難な状況になっていた。これにより翌月からは鳥取城内の者たちは兵糧不足に苦しめられることとなる。

その窮乏ぶりについては、多くの史料が惨劇を物語っている。『信長公記』には「餓鬼《がき》のごとく痩《や》せ衰へたる男女、柵際へより、もだえこがれ、引き出し助け給《たま》へと叫び、叫喚《きょうかん》の悲しみ、哀れなるありさま、目もあてられず」と記されている。もはや、鳥取城内の将兵は、戦えるような状況になかった。

『豊鑑《とよかがみ》』には、「糧尽きて馬牛などを殺し食ひしかども、それも程なく尽きぬれば餓死し、人の宍《しし》（肉のこと）を食合へり。子は親を食し、弟は兄を食し杯《など》しける」と書かれている。あまりの空腹に耐えかねて、死肉を食らったのだが、それが親子や兄弟姉妹同士という悲劇的なケースもあったのだ。

『真書太閤記』には、「味方は死骸《しがい》を引込切分て是を喰ひ、或は手負て未だ死果ぬをも、是は深傷なり助かるべきに非《あら》ず、苦痛をせんより早く死かしとて、無体に切殺し節々を放して其脳を喰ひ、中にも佳味は首に有べしとて頭を砕きて争ひ喰ふ有様」とある。城内では死人の肉を分け合っていたが、死んでいない負傷者もすぐに死ぬはずだと決めつけて斬り殺し、肉を食らったという。なかでも美味とされる脳みそは、奪い合いの状況にあった。

『豊鑑』や『真書太閤記』は信頼度が劣る史料なので、やや大袈裟《おおげさ》に書いている可能性があるが、兵糧攻めの過酷さを物語る史料としてよく引用される。「吉川家文書」に収録された経家の書状を見ても、兵糧不足が深刻だったことが判明するので、兵糧が不足していたのは事実である。また、たとえ兵糧を備蓄していたとしても、長期の保存が可能だったかという問題もあったに違いない。

鳥取城は毛利勢から孤立し、極度の兵糧不足に陥ったため開城することになった。経家は自身の切腹と引き換えに、城兵を助けることを条件として、秀吉との交渉を行った。同年十月二十五日、経家は森下道誉《もりしたどうよ》、中村春続《なかむらはるつぐ》とともに切腹し、城兵は助命された。こうして「鳥取城の戦い」は終結したのである。

なお、鳥取城の開城後には、後日譚《たん》があった。城内の将兵は外に出たが、その姿はかなり痩せ衰え、まるで餓鬼のように腹が膨れていた。おまけに長い籠城戦で、服も汚れていたという。秀吉はすぐに兵糧を準備し、彼らに与えた。しかし、城兵は長期にわたる絶食生活により、胃が食べ物を受け付けず、多くが胃痙攣《いけいれん》を起こして亡くなったという。この経験から、秀吉は兵糧攻めをした際、投降した将兵には少しずつ兵糧を与えるようになったといわれている。

秀吉の勝因は、これまでの経験（「三木城の戦い」）によって、兵糧攻めのセオリーが蓄積されていたことに尽きる。交通の要所に陣を置き、米を買い占めるなどは、まさしく「勝利の方程式」だった。吉川経家の敗因は、領内や周辺の慢性的な兵糧不足、期待した毛利氏の援軍がやってこなかったことになろう。経家が強固な補給路を確保していれば、違った展開になったのかもしれない。

戦争の模様を忠実に再現することが難しいことは、すでに述べた。また、「三木城の戦い」「鳥取城の戦い」「有岡城の戦い」などは、一次史料で克明に経過をたどった研究があるので、ぜひご一読いただけると幸いである。いうまでもないが、戦争の研究については、まず一次史料で戦前戦後の経過を丹念に調べ、ときに考古学、城郭研究などを援用すべきだろう。より総合的な取り組みが必要である。

第七章

戦後処理

──「恩賞」と「制裁」の明暗

戦死・自裁・逃亡・臣従……敗将のさまざまな"戦後"

戦いとは、どうやって終わるのだろうか。戦いの決着は、実にさまざまであった。もっともわかりやすいのは、敵の大将を討《う》ち取ることである。

永禄《えいろく》三年（一五六〇）五月の「桶狭間《おけはざま》の戦い」では、今川義元《いまがわよしもと》が織田信長《おだのぶなが》の配下にあった毛《もう》利新介《りしんすけ》（良勝《よしかつ》）に首を獲《と》られた。義元の首が獲られたとの情報は、ただちに今川方の将兵の間に広がり、戦意を喪失した今川軍は国元へ撤退した。このように敵の大将を討ち取ることは、もっとも効果があった。

ただし、義元の戦死後、すぐに今川氏は滅亡したのではなく、かなりの時間を要したことに注意すべきだろう。それは、同じく信長が武田勝頼《たけだかつより》を破った「長篠《ながしの》の戦い」も同じで、局地戦における勝利がそのまま相手の滅亡につながるわけではないのだ。また、今川義元のように、大名当主が合戦中に討ち取られるというのは、実はレアなケースといえる。

籠城《ろうじょう》戦の最中に降参の意思を表明し、負けた側の大将が自刃《じじん》することで、決着をつけることもあった。

前章で取り上げた、天正《てんしょう》九年（一五八一）の羽柴《はしば》（豊臣《とよとみ》）秀吉《ひでよし》と吉川経家《きっかわつねいえ》の間で繰り広げられた「鳥取城の戦い」では、籠城する吉川方の将兵が厳しい兵糧《ひょうろう》攻めに耐えかねた。降参の意を決した鳥取城主の経家は秀吉との交渉に臨み、自らが自刃して開城することで、城兵の命を助けるよう申し出た。秀吉は経家の家臣である森下道誉《もりしたどうよ》・中村春続《なかむらはるつぐ》が自害すればよいとしたが、経家は潔《いさぎよ》く切腹したのである。

同様の例としては、天正八年（一五八〇）一月の三木《みき》城（兵庫県三木市）における別所長治《べっしょながはる》、天正十年（一五八二）六月の備中高松《びっちゅうたかまつ》城（岡山市北区）における清水宗治《しみずむねはる》などの自刃が有名である。別所氏は当主の切腹により滅亡したが（伯父は生き残った）、宗治は毛利方の城将に過ぎず、一局地戦における敗北にとどまった。

変わった例としては、天正七年（一五七九）六月における「八上《やかみ》城の戦い」の結末を挙げることができよう。明智光秀《あけちみつひで》に敗れた波多野秀治《はたのひではる》は、光秀の調略により寝返った城内の和平派の城兵によって捕らえられ、織田方に差し出された（『信長公記《しんちょうこうき》』）。その後、波多野氏は安土《あづち》（滋賀県近江八幡《おうみはちまん》市）に連行され、磔刑《たっけい》に処された。明智方の調略が功を奏し、八上城内の波多野氏家臣らを寝返らせることに成功したのである。当主が配下の者に見限られた事例といえよう。

戦いに負けた場合、敗将が逃亡するケースもある。慶長《けいちょう》五年（一六〇〇）九月の「関《せき》ヶ原《はら》の戦い」では、敗北した西軍を率いていた石田三成《いしだみつなり》、小西行長《こにしゆきなが》、安国寺恵瓊《あんこくじえけい》が散り散りに逃亡した。この三人は西軍の首謀者だったので、徳川家康《とくがわいえやす》の命《めい》により厳しく探索が行われた。結局、彼らは捕らえられ斬首となり、これにより決着が付いたといえよう。

同じく西軍の有力武将であった宇喜多秀家《うきたひでいえ》は薩摩《さつま》（鹿児島県）の島津《しまづ》氏のもとに逃れたが、のちに徳川方に引き渡され、八丈島《はちじょうじま》に流されたという珍しいケースである。秀家が助かったのは、島津氏が徳川方に身柄を引き渡す際、熱心に助命を嘆願したからである。それは、ひとえに島津氏のメンツにあっただろう。島津を頼って落ち延びてきた秀家を見殺しにしてしまっては、末代までの恥となったのである。

和睦・人質交換——死のみが解決策ではなかった

和睦《わぼく》や臣従により、決着するときもあった。天正十四、十五年（一五八六、八七）の九州征《せい》伐《ばつ》において、豊臣秀吉は薩摩の島津義久《よしひさ》・義弘《よしひろ》兄弟と交戦した。当時、島津氏は九州南部をほぼ制圧し、勢力は九州北部におよぼうとしていた。当初、秀吉は島津氏に九州国分《くにわけ》案を提示したが、それは拒否され合戦におよんだ。

結果、秀吉は圧倒的な勝利を収め、島津氏と和睦を結び、自らに有利な領土割譲案を示し受け入れさせた。その際、島津義久は出家して龍伯《りゅうはく》と名を改めたが、これも敗北の意思表明の証《あかし》であった。以後、秀吉は敵対する勢力と交戦を繰り返し、降伏した場合は臣従させることでことを収めた。逆に、反抗的な態度を示した場合は、徹底して逆らった大名を殲滅《せんめつ》したのである。

敗者の生（和睦）と死（切腹・斬首）を分ける要因はさまざまである。早い段階で降参すれば、助かる可能性は大きかった。逆に長期戦にわたった場合は、勝利した相手の心証を悪くすることもあって、助からないことがあったのだ。

戦った相手が滅亡したら、それで戦闘は終結するが、和睦を結ぶ場合はその証が必要だった。多くのケースでは、「誓紙《せいし》」の交換、人質を差し出すことなどが行われた。

「誓紙」とは誓いの言葉を記した紙のことで、起請文《きしょうもん》ともいう。中世以降、誓紙は「牛王宝印《ごおうほういん》」という、社寺から出される厄除《やくよ》けの護符《ごふ》の裏に書かれた。それは、神仏に和睦を守ることを誓うという決意である。さらに、強い決意を示すため、花押《かおう》（サイン）の代わりに血判を据《す》えることもあった。血判とは、指を切って血を朱肉の代わりにして判を据えることである。誓紙に血判を捺《お》すことについては、おもしろいエピソードが伝わっている。

慶長十九年（一六一四）の「大坂冬の陣」後、徳川方と豊臣方は和睦を締結し、その証として誓紙を交わすことになった。徳川家康は誓紙に血判を捺したが、指を切ってもあまり血が出なかったようで、血判が薄かったと伝わる。和睦交渉の場に臨んでいた豊臣家の家臣・木村重成《きむらしげなり》は、血判を確認して「血が薄い」と抗議。再び家康に血判を捺させたという。ただし、これは重成の強い心意気を示す逸話であって、とても史実とは思えない。

では、神仏にまで誓ったのだから、和睦は決して破られなかったのだろうか。その答えは、「ノー」である。政治情勢は流動的である。いったん和睦を結んでも、情勢が自分たちにとって有利になれば、和睦を撤回して相手国に攻め込んだり、もともと敵対していた勢力と和睦を結ぶことは珍しくなかった。したがって、誓紙を交わしたからといって、決して油断してはならないのである。

それは近代戦でも同じである。第二次世界大戦において、日本は当時のソ連と「日ソ中立条約」を結び、互いに不可侵の関係を築いた。しかし、日本の敗色が濃くなった昭和《しょうわ》二十年（一九四五）八月八日、突如としてソ連は南樺太《みなみからふと》・千島《ちしま》列島および満州国・朝鮮半島北部等へ攻め込んだ。時代は変われど、裏切りの行為は変わらないのである。

和睦を交わした証としては、人質の交換もポピュラーな方法である。普通はそれぞれの大名の子（男子・女子）が人質になったが、母親を人質として引き渡すこともあった。ただし、交換とはいえ、一方が圧倒的に優勢の場合は、優位に立つほうが人質を徴集するだけにとどまる例もあった。また、互いに婚姻関係を結ぶことで和睦を締結する場合もあるが、婚姻の場合も人質の一種と考えてよいのかもしれない。婚姻は、友好関係にある大名との関係をさらに強化するために結ぶことが多かったが、その友好関係の継続の担保ともとれるのである。

人質の交換や婚姻関係を結ぶことは、起請文を交わすことと同じく、和睦が絶対に破れないことを意味しない。情勢によっては和睦を破棄《はき》することがあった。その際は、人質（あるいは結婚相手）を返すか、見せしめに殺害したのである。

たとえば、黒田孝高《くろだよしたか》（官兵衛《かんべえ》）の子・長政《ながまさ》は、幼少時に織田信長のもとに人質として送られていた。しかし、第六章で触れた「有岡城《ありおか》の戦い」で荒木村重《あらきむらしげ》が謀反《むほん》を起こした際、孝高は有岡城に説得に行って拉致《らち》された。信長は孝高が裏切ったと怪しみ、長政を殺そうとしたが、羽柴（豊臣）秀吉の与力《よりき》だった竹中半兵衛《たけなかはんべえ》が長政を匿《かくま》ったため叶《かな》わなかったというエピソードが残っている。

「これは誰の首だ？」――意外に手間取った首実検

次に、戦功の確認作業の「首実検《くびじっけん》」を見ることにしよう。首実検とは、討ち取った敵の将兵の首が本物であるか否《いな》かを確認する作業である。今のような写真技術などなかったため、特に首が敵の大将のものであるか否かをどう判定するかは、重要な問題であったといえる。首実検は平安時代末期頃から行われ、室町時代以降は作法や儀式が確立した。

首が女性や子供のものだった場合は評価されず、拾った首（拾い首）やほかの将兵からもらった首（もらい首）も同じだった。また、敵を大量に討ち取った場合、首は非常に重たかったので、上唇の部分を切り取って腰に下げることもあった。上唇には髭《ひげ》跡が残っているので、男性と判断できたのである。ただし、それはあくまで雑兵《ぞうひょう》を討ち取った場合であって、大将や重臣クラスは別であった。

拾い首やもらい首の判別方法は、いくつかある。当時、将兵は単独で軍事行動を行うのではなく、数人がグループとなって出陣するのがしきたりだった。それは単に複数いれば安心というだけでなく、互いの軍功を確認するためでもあった。首実検の際には、各将兵の手柄を同行した者から確認したうえで行われたのである。

なお、大将や上級の武将を討った場合は、身分の証である兜《かぶと》と首がセットでなくてはならなかった。万が一、兜がない場合は、評価が低くなった。「大坂の陣」では、兜が重たかったので捨ててしまい、後になって嘆き悲しんだ将兵の例が見られたという。

慶長五年（一六〇〇）九月の「関ヶ原の戦い」の際、東軍として参戦した福島正則《ふくしままさのり》の部将・可児才蔵《かにさいぞう》は、敵の首を腰にぶら下げるのが面倒だったので、首に笹《ささ》の葉を挟んで自分の獲ったものという目印にした。それゆえ才蔵は、「笹才蔵」と称されたという逸話が残っている。

討ち取った首は水で洗い、髪を梳《す》いたり薄化粧を施すなどし、きれいに整えられた。高貴な身分の武将の場合は、鉄漿《おはぐろ》を施すこともあった（『おあむ物語』）。こうして死に化粧を施し、死者へ敬意を払ったのである。「大坂の陣」で討たれた豊臣家の家臣・木村重成は、出陣前に頭髪に香を焚《た》きしめたという。これも首を獲られることを念頭に置き、恥ずかしい姿を人目に晒《さら》さないよう準備する武将のたしなみであった。徳川家康は重成の首に接した際、その態度に感嘆したという。

首実検は主に寺院で行われ、大将、首の披露役、立会人らが臨んだ。首の確認の際には、大将の面前に首が運ばれ、披露役の武将が誰の首であるかを読み上げた。このとき酒の入ったかわらけを首の前に置くなどし、死者を弔《とむら》って敬意を払ったという。こうして敵の大将や重臣クラスの首は、慎重に首実検が行われたのである。

しかし、雑兵クラスになると、一度に数個の首が並べられるなど、やや作業が雑だったようだ。首実検の評定では、首の目の向きによって吉凶が占われたという。首実検が終了すると、首は市中で晒し首にされることもあったが、ケースによっては首を敵方に送り返したり、丁重に葬ることもあった。

永禄三年（一五六〇）五月、「桶狭間の戦い」で討ち取られた今川義元の首は須ヶ口《すかぐち》（愛知県清須《きよす》市）に晒された。今川家旧臣の岡部《おかべ》元信《もとのぶ》は、自身の居城・鳴海《なるみ》城（名古屋市緑区）と交換で義元の首を返却された。元信は刈谷《かりや》、吉良《きら》を経て駿河《するが》（静岡県）に向かったが、初夏の暑さから首の損傷が激しく、途中で東向寺《とうこうじ》（愛知県西尾市）に塚を築き、首を埋葬したという。

天正元年（一五七三）に浅井《あざい》久政《ひさまさ》・長政《ながまさ》父子と朝倉義景《あさくらよしかげ》を滅亡に追い込んだ織田信長は、翌年の正月に三人の首を薄濃《はくだみ》（頭蓋骨を漆塗《うるしぬ》りにして金粉を施すこと）にし酒宴を催した（『信長公記』）。この点については、信長が三人に対して激しい敵意を持っていたという説と、単に首化粧の一種であるとの説がある。いずれにせよ、他に例が見られない扱いである。

実際のところ、首の確認には手間取るケースもあった。大将クラスなら立派な兜をかぶっていたり、面会したことがある武将が立ち会って確認をすることができた。しかし、真田《さなだ》信繁《のぶしげ》のように、叔父の信尹《のぶただ》さえ何年も会っておらず、信繁の首かどうか確証が持てなかった逸話もある。それゆえ当時の人は、本当に当人が死んだのか疑念を持つことが少なくなかった。牢人《ろうにん》狩りを行ったのは、その理由の一つである。首実検は恩賞の軽重を決める重要なことだったため、将兵たちにとっては大切な儀式だったといえよう。

戦死者の遺体はどう扱われたのか？

合戦後、戦死者の遺骸《いがい》はどうなったのだろうか。勝者側の戦死者については、遺族や黒鍬《くろくわ》が死体を回収し、弔うことがあった。「黒鍬」は小荷駄《こにだ》隊（兵糧、弾薬などの兵站《へいたん》担当部隊）に所属し、橋や陣地などを築いたり、ときに戦死者の収容・埋葬などを担当していた。また、戦場には陣僧という、主に時宗《じしゅう》（浄土《じょうど》宗の一宗派）の僧侶が派遣され、戦病者の手当てや戦死者への供養を行ったという。今でいう軍属（軍人以外で軍隊に所属する者）のような立場の存在であろうか。陣僧は、ほかにも文書作成や情報収集、敵陣への使者などを担当していた。それらは陣僧役といい、大名から課せられたものだった。

では、なぜ僧侶が起用されたのか。

永承《えいしょう》六年（一〇五一）から康平《こうへい》五年（一〇六二）の「前九年《ぜんくねん》の役《えき》」（源頼義《みなもとのよりよし》、義家《よしいえ》による陸奥《むつ》の豪族・安倍《あべ》氏討伐《とうばつ》戦）の際、源頼義が行方不明になるということがあった。頼義の身を案じた武将の一人は、「戦場には僧侶でなければ入ることが困難だ」と言って、すぐに髪を剃《そ》って僧侶の姿になり、戦場に入っていったという話がある（『今昔《こんじゃく》物語』）。つまり、僧侶は世俗と無縁な存在だったので、戦場を自由かつ安全に往来することができた。したがって、戦場におけるさまざまな役目を果たすのに好都合だったのである。

逆に、敗者側の戦死者は死体が回収されることなく、戦場でそのまま朽ち果てることは珍しくなかった。そこで、付近の住人が憐《あわ》れんで埋葬することもあったが、死体が放つ腐敗臭を嫌ったという事情もあっただろう。

戦死者の遺骸の回収後、大名は寺院で弔いを行った。明智光秀が菩提《ぼだい》寺《じ》の西教寺《さいきょうじ》（滋賀県大津市）にて、亡くなった配下の者を葬った例は、非常に有名である（「西教寺文書」）。また、父が戦死した場合は、子に遺領の継承を認める所領の安堵状《あんどじょう》を送り、再び家臣として加えたのである。それは光秀の人柄が優しいとかそういうことではなく、家臣団統制の一環に過ぎなかったと考えられる。

戦死に至らなくとも、大名は戦場で怪我《けが》をした家臣の体をいたわって書状を認《したた》めたり、医師を派遣することがあった。そうすることによって、家臣の忠誠心をつなぎとめようとしたのである。また、当時は医療が発達しておらず、刀傷や鉄砲傷が致命傷で亡くなることがあった。特に、鉄砲傷の場合は、体内に鉛の玉が残り、それがもとで落命することもあったという（鉛中毒）。当時、薬はあったものの薬草くらいのもので、単なる民間療法に過ぎなかった。

戦よりもこちらが目的？　物や人の略奪

戦場において、物や人を略奪することは、軍事慣行として認められていた。これを「乱取り」という。そうした戦利品は、彼らへの賞与のようなものだった。甲斐《かい》国（山梨県）の武田氏や小山田《おやまだ》氏の動向をはじめ、当時の生活や世相を記録した史料として、『妙法寺記《みょうほうじき》』（『勝山記《かつやまき》』とも）という史料があり、数多くの略奪の記録が残されている。将兵によっては、戦闘よりも乱取りに夢中になる者もあったという。

以下『妙法寺記』からいくつか略奪の例を拾ってみよう。

天文《てんぶん》五年（一五三六）、相模《さがみ》国青根郷（神奈川県相模原市）に武田氏の軍勢が攻め込み、「足弱《あしよわ》」を百人ばかり獲っていったという。この前年、武田信虎《のぶとら》は今川氏輝《うじてる》、北条氏綱《ほうじょううじつな》の連合軍と甲斐・駿河の国境付近で戦い（「万沢口合戦《まんざわぐち》」）、敗北を喫していた。武田氏は両者に対して、大きな恨《うら》みを抱いていたといえる。

史料中の「足弱」とは、一般的に女性、老人、子供のことであるが、足軽《あしがる》を意味することもある。つまり、武田氏の軍勢は戦争のどさくさに紛れ、戦利品として「足弱」を強奪して国へ戻ったということになろう。時代を問わず、女性、老人、子供は常に「弱者」であった。

天文十五年（一五四六）には飢饉《ききん》があり、餓死《がし》する者が非常に多かったという。そうした状況下、武田氏の軍勢は他国に侵攻し、男女を生け捕りにして甲斐国へと連れ去った。生け捕られた人々は、親類が応じれば、二貫、三貫、五貫、十貫で買い戻されていったようだ。現在の貨幣価値に換算すると、一貫＝約十万円になる。したがって、おおむね約二十万円から百万円で買い戻されたことになるので、決して安いとはいえなかった。身分あるいは性別や年齢で値段が決まったと推測される。

生け捕りにされた「足弱」は売買されるとともに、農業などの貴重な労働力になったのであろう。将兵が戦場で分捕ったものは、自分の所有物になったので、先述のとおり熱心だったのは当然ともいえる。乱取りを目的に戦争に出陣しているように思える者がいたというのも、あながちおかしなことではないのかもしれない。

同様の事例は、「大坂の陣」でも確認できる。『義演准后日記《ぎえんじゅごうにっき》』（醍醐寺三宝院《だいごじさんぼういん》座主・義演の日記）によると、大坂の陣で勝利した徳川軍の兵は、女・子供を次々と捕らえて、凱旋《がいせん》したことを伝えている。徳川方の蜂須賀《はちすか》軍は、約百七十人の男女を捕らえたといわれている。そのうち女が六十八人、子供が六十四人であり、多くを女・子供が占めているのは共通した点である。捕らえられた人々の多くは、戦争開始時に大坂城に籠《こも》っていたが、敗北して徳川軍に連行されたのである。

大坂の陣を描いた「大坂夏の陣屏風《びょうぶ》」には、逃げ惑う戦争難民の姿が活写されているが、とりわけ兵に捕まった女性たちの姿が目を引く。兵たちは戦争そっちのけで強奪に熱中しており、それがある意味で彼らの稼ぎとなっていたようだ。そして、女性たちは売り飛ばされたり、労働力として使役されたと考えられる。このように戦場での略奪は、日常茶飯事だったのである。

戦後領土画定の実際

合戦後、問題となるのが領土の画定である。相手を滅亡に追い込んだ場合は、領土すべてを併呑《へいどん》することになるが、和睦を結んだときは、改めて領土を画定する必要が生じた。すでに触れた九州征伐後の例も、その一つであるといえよう。

長宗我部《ちょうそかべ》元親《もとちか》は土佐《とさ》(高知県)一国を統一すると、続けて伊予《いよ》(愛媛県)、讃岐《さぬき》(香川県)、阿波《あわ》(徳島県)へと侵攻を繰り返し、やがては四国を統一する勢いであった。しかし、天正十三年(一五八五)六月に羽柴(豊臣)秀吉が元親の野望を阻止すべく、四国への侵攻を開始した。結果、元親は降参し、いわゆる「四国国分《くにわけ》」が行われた。

四国国分の結果、元親に許されたのは土佐一国のみであった。阿波は蜂須賀家政《いえまさ》(一部は赤松則房《あかまつのりふさ》)、讃岐は仙石秀久《せんごくひでひさ》(一部は十河存保《そごうまさやす》)、伊予は小早川隆景《こばやかわたかかげ》(一部は来島通総《くるしまみちふさ》ら)にそれぞれ与えられた。蜂須賀家政、仙石秀久、小早川隆景の三人は、四国征伐での軍功に応じて、領土を配分されたのだった。こうして四国の領土画定は終わった。

先述した九州征伐の例も確認しておこう。薩摩の名族・島津氏は、天正年間以降に九州南部への侵攻を繰り返し、本拠の薩摩・大隅《おおすみ》（鹿児島県）に加え、肥前《ひぜん》（佐賀・長崎県）、肥後《ひご》（熊本県）、日向《ひゅうが》（宮崎県）、筑後《ちくご》（福岡県）なども併呑する勢いであった。天正十四年（一五八六）、秀吉は島津氏の野望を打ち砕くべく出陣し、大勝利を収めた。その結果、九州国分が行われ、島津氏に領有が許されたのは、薩摩・大隅と日向の一部にとどまった。

残りの九州北部の諸国は、黒田孝高、小早川隆景以下の秀吉の重臣層らに分け与えられた。国分には領土画定以外に、恩賞としての性格もあったのである。

天正十年（一五八二）六月の備中高松城（岡山市北区）の和睦に際しては、毛利氏の領土画定が大きな問題となった。毛利氏一門の領国《りょうごく》は、西から長門《ながと》・周防《すおう》（山口県）、備後《びんご》・安芸《あき》（広島県）がメインであったが、やがて実力により石見《いわみ》・出雲《いずも》（島根県）を併呑し、さらに伯耆《ほうき》・因幡《いなば》（鳥取県）、備中・美作《みまさか》（岡山県）をも奪い取るような状況であった。領土画定に際して問題となったのは、備中、備後、出雲、伯耆、美作の五ヵ国である。その後、備後と出雲は国分の対象から外され、毛利氏の領土となった。

交渉担当者は、羽柴方が黒田孝高と蜂須賀正勝《まさかつ》、毛利方が安国寺恵瓊と林就長《はやしなりなが》であった。交渉は一年余も続いたが、結局は毛利氏が美作国一国、備中国の一部などを放棄する条件で落着した。交渉の過程においては、強気な態度の毛利氏首脳に対して、恵瓊がその不利を説明し、懸命に説き伏せたという。

ほかにも領土画定の例はあるが、大名にとっては自らの実力で得た領国であるため、安易に不利な条件では妥協しなかった。それゆえ、舞台裏では厳しい交渉が重ねられたのである。一方で、あまり抵抗すると和睦は破談となり、逆に殲滅される可能性もあったので、決断のタイミングは重要だったといえる。

落城した城郭はどうなった？

本章冒頭でも触れたとおり、戦いに敗れた人名を待つ運命は、和睦により生き残る以外は、討ち死にするか自刃するかであった。自害の際は短刀で自らの腹を切り、介錯人《かいしゃくにん》が首を落とした。一口に切腹といってもさまざまで、普通に腹を横に切る方法もあったが、十文字に腹を切って、内臓を取り出すという凄《すさ》まじいものもあった。

悲惨な運命をたどったのは大名当主だけでなく、その家族も同じであった。先述した三木城主の別所長治は妻も自刃におよび、子供は長治自身が手にかけたという。幼い子供は、自刃する術《すべ》を知らなかった。ちなみに、当主が討ち死にあるいは自刃した場合でも、残された男子は概して許されることなく、殺害されたようだ。もちろん常にそうだったということではなく、男女とも、出家することで許されることもあった。

当時、敗北を喫した大名は、妻を実家に帰らせることがあった。天正元年（一五七三）、小《お》谷《だに》城（滋賀県長浜市）主・浅井長政は織田信長との戦いで敗北を悟り、妻のお市《いち》（信長の妹）を織田家に返した。その後、お市は柴田《しばた》勝家《かついえ》のもとに嫁いだが、天正十一年（一五八三）に羽柴（豊臣）秀吉に居城の越前北《えちぜんきた》ノ庄《しょう》城（福井市）を攻められ、夫の勝家とともに自害した。お市は、もっとも不幸な例かもしれない。

死一等を減じられ、仏門に入ることにより、命を許された例もある。慶長二十年（一六一五）五月に大坂城が落城し、淀殿《よどどの》と豊臣秀頼《ひでより》が自害したが、秀頼の子・国松《くにまつ》と娘・天秀尼《てんしゅうに》が残った。国松は処刑されたが、天秀尼は鎌倉の東慶寺《とうけいじ》に入ることにより許された。なお、正保二年（一六四五）の天秀尼の死によって、豊臣家の家系は完全に断たれたのである。

敗将のいた城郭の扱いもさまざまで、要衝《ようしょう》の地にあった城については修繕が行われ、新たな部将が入ることもあった。逆に、使い勝手の悪い城については、再利用されることなく廃城となった。たとえば、天正八年（一五八〇）の播磨長水《はりまちょうすい》城（兵庫県宍粟《しそう》市）の戦い後、播磨国内の諸城は秀吉によって一部を除き破壊された。使い勝手が悪いとはいえ、そのままにしておけば、敵対集団が再利用する恐れもあることから、破壊という措置が取られたのであろう。

慶長五年（一六〇〇）九月の「関ヶ原の戦い」では、勝利した東軍の諸将は恩賞として敗者の領国と城を与えられたが、その多くは山城《やまじろ》だった。やがて平和な時代を迎え、政治や生活に支障の多い山城から、日常に便の良い平山城《ひらやまじろ》や平城《ひらじろ》に移ることが多くなった。井伊《いい》氏は最初に石田三成の佐和山《さわやま》城（滋賀県彦根市）に入ったが、のちに彦根城（同上）を築いたのが好例だろう。

明暗分かれた、敗将の家臣たちのその後

負けた側の、生き残った大名家臣のその後は、さまざまだった。多くは帰農するか、仕官先を探して牢人生活を送った。

一般的に敗北した大名の家臣は、仕官を志《こころざ》して各大名家を頼った。その際、系図や当主からもらった感状（戦功を賞した文書）などを携え、仕官活動を行ったという。それらは履歴書の代わりだった。甲斐武田氏の家臣の文書が遠隔地の土地にあるというのは、その地域まで仕官の活動をした証である。

しかし、なかには仕えている大名の敗北を見越して、敵対する大名に寝返り、そのまま仕官する例もあった。天正十年（一五八二）三月に滅亡した武田氏家臣で、徳川家康に仕えた穴山《あなやま》梅雪《ばいせつ》（信君）はその好例であろう。そういう場合は、寝返った相手から、内応を条件に召し抱えてもらう約束を取り付け、当主を裏切ったのである。

同じ武田氏では、山県《やまがた》氏の赤備《あかぞな》えがそっくり家康に召し抱えられ、そのまま井伊直政《なおまさ》に預けられた。のちに、彼らは「井伊の赤備え」といって恐れられた。つまり、徳川家康やその家臣の領土拡大に伴う、軍事力増強の契機になったといえよう。勝った大名は領土が拡大するので、当然、広い領域を支配するため人材を必要とした。その場合、敵方の家臣をそのまま登用して、慣れた土地の支配に従事させたのである。家臣の場合はあっさり降参すれば、敵方の大名にそ

のまま仕官が認められることもあったのである。忠誠心よりは合理性が優先しているようで、興味深い。

一方、新たな仕官先が見つからなかった場合は悲劇だった。多くの町や村では、主《あるじ》のいない牢人を歓迎しなかった。牢人が町や村に住むのは容易ではなく、京都などの大都市では許可が必要だった。牢人に家を貸すことすら、禁じられたのである。実際に、牢人が無断で居住することを禁止した法令も発布された。天正十八年（一五九〇）十二月五日、豊臣秀吉が近江（滋賀県）の蔵入地《くらいりち》（直轄領）に牢人停止令を発布したのは好例である（『平野庄郷記』）。

特に、天正十八年に小田原合戦が終わって国内の大戦争の時代が終結すると、武士身分は人余りという状況になり、各大名家は家臣の召し抱えを控えるようにした。加えて、豊臣政権は牢人に対して、農民になるか、商工業に従事するか、ほかの身分に変わることを迫った。その結果、武士として生きることをあきらめ、帰農する者もいたのである。

合戦後の恩賞①——大名たちの場合

合戦で武将たちが必死になって戦うのは、恩賞として知行地を与えられるからである。それには加増を含めて、「転封《てんぽう》」といって新天地に移ることもあった。そうした栄転の例は、数えればきりがない。ただし、戦国時代と織豊《しょくほう》期とでは様相を異にする。織豊期に至ると「鉢植《はちう》え大名」といわれ、大名が長らく根付いた土地から、縁もゆかりもない土地に移ることが多くなった。以下に示すとおり、大名は加増に伴って各地を転々としたのである。

豊臣秀吉の子飼いの武将・加《か》藤清正《とうきよまさ》は、天正十一年（一五八三）の「賤《しず》ヶ岳《たけ》の戦い」で軍功を挙げ、「賤ヶ岳の七本槍《しちほんやり》」の一人に数えられた。それだけでなく、近江国などに三千石《ごく》の知行を与えられた。以後、幾多の戦いで活躍し、天正十六年（一五八八）は肥後隈本《くまもと》（熊本市）に約十九万五千石を与えられた。慶長五年（一六〇〇）九月の「関ヶ原の戦い」後には敗れた小西行長の肥後半国が与えられ、あわせて肥後一国約五十四万石まで加増されたのである。

清正は比較的移動が少なかったようであるが、加増するたびに拝領地が変わることも珍しくなかった。森忠政《もりただまさ》は天正十二年（一五八四）に兄・長可《ながよし》の遺領だった美濃国金山《かねやま》（岐阜県可児《かに》市）の約七万石を継承した。慶長五年二月には信濃《しなの》国海津《かいづ》城（長野市）主となり、約十三万七千五百石を拝領。その三年後には、美作国津山《つやま》（岡山県津山市）に十八万六千石を与えられたのである。

上杉景勝《うえすぎかげかつ》は越後《えちご》（新潟県）から会津《あいづ》（福島県会津若松市）へ移る際、徴収した年貢や百姓を会津へ持ち出したため、新たに越後に入った堀《ほり》氏とトラブルになったという。そのことが一つの原因となり、「関ヶ原の戦い」が勃発《ぼっぱつ》したともいわれている。転封に際しては、年貢や百姓の扱いをめぐって、さまざまな問題があったようである。

慶長五年の「関ヶ原の戦い」では、東軍に属した諸大名には軍功に応じて加増がなされた。

福島正則、黒田長政らは貢献度が高く、一躍大大名へと上り詰めた。しかし、このときは通常発給される知行宛行状《ちぎょうあてがい》がなかったという。知行宛行状とは、主君が家臣に所領・所職などの知行をあてがう際、発給した文書のことである。知行宛行状がなかった理由は、当時まだ豊臣公儀が健在であり、家康が遠慮して発給できなかったためと指摘されている。それゆえ加増は、家康から口頭で伝えられたのである。

慶長十九、二十年（一六一四、一五）の「大坂の陣」は、相手方の大名らしい大名は豊臣秀頼しかおらず、勝利を得ても、徳川方の武将たちに見込まれる知行宛行の旨《うま》みはなかった。それゆえ、大名たちは多大な軍役を負担するだけだったので、士気が上がらなかったのは当然であろう。それどころか、多大な軍事的な負担にあえいだ大名のほうが多かった。

加増・転封とは逆に、領地を召し上げられる「改易《かいえき》」、領地を減らされる「減封《げんぽう》」があった。特に、豊臣政権以降は頻繁《ひんぱん》に見られるようになった。理由は戦いでの敗北、失政、後継者の不在とさまざまであるが、江戸時代には改易・減封に伴って、加増・転封が行われるサイクルになっていったのである。

合戦後の恩賞②——家臣・雑兵たちの場合

大名たちが軍の総大将から、数郡から一国さらに複数国の加増が認められるのに対し、侍や雑兵たちは、それぞれが仕える大名から数十石から数千石の知行を得るために奮闘した。一般的に、武功を挙げた武将には、大名から軍功を称《たた》えた感状が与えられる。その後、軍功に応じて、新たな知行地が与えられた。土地や金銭だけでなく、刀・陣羽織《じんばおり》や茶器などの品々が与えられることもあった。茶器のなかには、一国に値する価値のものもあったという。

武功のうち、もっとも華々しかったのが一番槍、一番首である。一番槍とは、戦場で一番最初に敵と槍を突き合わせることをいう。その後、二番槍、槍脇付《やりわきづけ》（一番槍、二番槍の脇を固める役）と続いた。そして、一番最初に首を挙げることを一番首と称し、大きな名誉とされたのである。

敵と交戦したとき、最初に敵に槍を突くことを初槍《しょやり》といった。仮に複数で敵を討ち取っても、初槍の者が首を獲る権限を有した。最終的に別の者が敵の首を獲っても、初槍の者に首を譲らなければならなかったのだ。これは戦場での暗黙のルールであり、首を討ち取った武将が潔く初槍の者に譲った例は多々ある。

首は首帳に記録され、戦功の際の重要な資料となった。首帳には、誰がいくつの首を獲ったのかが列挙されている。

「大坂の陣」では、先に述べたとおり、大名の加増が見込まれなかったため、配下への恩賞も制限されることになった。加賀前田《かがまえだ》家では戦後に将兵から首を獲った状況を報告させるなど、厳選主義を採用したといわれている。その際、提出する軍功を記した報告書に証人の名を書き記す必要があったので、将兵は複数で軍事行動をすることが多くなった。

大名クラスでは、敵方の国を収公することで利益を得られるが、家臣あるいは下級クラスの恩賞はどうなっていたのだろうか。

大名は軍功を挙げた家臣らに対し、感状を与え、彼らの活躍ぶりを称えた。単に賞するだけでなく、同時に知行宛行を行うこともあった。感状は軍功の証、知行宛行状は所領などを与えられた証として、その家に長く保存された。

戦国時代のみならず、中世を通して、主君と配下の者との関係は御恩と奉公で結ばれていた。配下の者は主君のために戦場で懸命に戦い、主君はその軍功に報いるため、恩賞（多くは土地）を与える。ちょうど今でいえば、会社のために社員が懸命に働き、社長が社員に給料や賞与を支給するのと同じである。したがって、主君が恩賞を与えなかったり、配下の者が主君のために働かなければ、御恩と奉公の関係は消滅する。本書でも何回か触れたように、この関係は「主従」という精神的な結びつきというよりは、ギブ・アンド・テイクの側面を持つ実利的なものだったといえよう。

天正八年（一五八〇）八月、織田信長は大坂本願寺《ほんがんじ》を落とせなかった佐久間《さくま》信盛《のぶもり》に折檻状《せっかん》を送った（『信長公記』）。信長が信盛に怒ったのは、大坂本願寺を落とせなかったことだけではない。信盛は自分だけ蓄財に励み、召し抱えたものに加増すらしなかった。信長がこれを「け ち臭《くさ》い」ことだと怒っているのは、御恩と奉公という関係を維持するため、信盛が努力していないことに対してでもある。

参考までに書くと、家臣が主君を裏切って敵に与《くみ》し、敵が敗れたときは裏切った家臣の所領を収公することがあった。あるいは、家臣が犯罪を犯した場合、その所領を収公した。収公した土地を「闕所《けっしょ》」という。大名は軍功を挙げた武将に対して、闕所を恩賞地として与えることがあった。その場合、知行宛行状には、恩賞としてあてがう土地が「山田出雲守跡《いずものかみ》」などと記されている。このケースでは、山田出雲守が何らかの罪によって、所領を取り上げられたことになろう。

苛酷を極めた落武者狩り

敗者は戦場から逃亡することがあったため、勝者は「落武者狩《おちむしゃ》り」と称し、徹底的に探索を行った。落武者狩りには、勝利した大名方の武将だけでなく、村落の農民なども加わった。運よく落武者を捕らえたり、首を獲ったりすれば、大名から恩賞を与えられたからである。これは、一種の慣行でもあった。

天正十年（一五八二）六月、「本能寺の変」で織田信長が横死すると、堺《さかい》に滞在中の徳川家康は、伊勢《いせ》（三重県）から本国の三河《みかわ》（愛知県）に戻ろうとした。先に、内応して武田家から徳川家へ仕官先を変えた例として挙げた穴山梅雪（信君）は途中まで家康と同行していたが、にわかに離脱して行動を別にした。しかし、光秀の命《めい》を受けた一揆《いっき》勢は落武者狩りと称し、梅雪を家康と誤認して宇治田原《うじたわら》（京都府京田辺市）で討ったという。わずかな手勢しか持たない梅雪は、無残にも一揆に殺害されたのだ（自害という説もあり）。

むろん一揆の勢力は、殺害した梅雪の首を光秀に持参し、恩賞に与《あずか》ろうとしたのだろう。梅雪は合戦に負けたわけではないが、敗残者と同じ扱いで追討《ついとう》されたのだ。

「本能寺の変」後の「山崎の戦い」で、羽柴（豊臣）秀吉に敗れた明智光秀は、一路居城の坂本城（滋賀県大津市）を目指した。光秀ら落武者の一行は、現在の京都市伏見区小栗栖《こぐりす》へと差し掛かると、竹藪《たけやぶ》で落武者狩りに遭い、無残にも非業の死を遂げた。光秀らの首は、京都粟田《あわた》口《ぐち》（京都市東山区・左京区の境）に晒され、衆人の面前で辱《はずかし》めを受けた。

『公卿補任《くぎょうぶにん》』は、六月十四日に光秀が醍醐《だいご》（京都市伏見区）の辺りに潜んでいるところを探し出されて斬首となり、本能寺（京都市中京区）で首を晒されたと記す。『言経卿記《ときつねきょうき》』はもっと具体的で、光秀が醍醐の辺りに潜んでいると、郷人が討ち取って、首を本能寺に献上したという。光秀と家臣の斎藤利三《さいとうとしみつ》の首は胴体と接続させて、粟田口で磔《はりつけ》にされたという。そのほか三千余の首については、首塚を築いたと書かれている。

落武者狩りが徹底して行われたのは、慶長二十年（一六一五）の「大坂夏の陣」後であろう。同合戦では、豊臣方の名将が数多く戦死したが、なかには逃亡者や生死が不明な者も少なくなかった。土佐の元大名で、「関ヶ原の戦い」で地位を追われた長宗我部盛親《ちょうそかべもりちか》は、「天王寺《てんのうじ》・岡山の戦い」で敗北を喫した。盛親は戦場を離脱したが、男山（京都府八幡市《やわた》）に潜んでいるところを捕縛された。その後、盛親は斬首され、三条河原で晒し首になったのである。

「大坂夏の陣」後、江戸幕府が落武者の探索を徹底して行ったのは、第一に明石《あかし》掃部《かもん》ら生死の判明しない武将を捕まえるためだ。それゆえ、幕府は各国の大名に命じて、徹底した落武者の探索を命じた。第二に、落武者を捕縛し処刑するなど、厳しい弾圧をすることにより、抵抗勢力を徹底して排除し、豊臣派残党の勢力一掃を強化する点にあった。真田信繁や豊臣秀頼などは、当時から薩摩に逃れたとの話が流布《るふ》していたので、大坂牢人への追及の手を緩めることはできなかったと考えられる。

このように敗者は、徹底して追及された。捕まえて見せしめのために殺害するという目的もあったが、重要人物の生死が不明な場合は、生きている可能性を考慮して、探索に余念がなかったのである。

合戦の終了後、大きくクローズアップされるのは、勝者の軍功や多大な恩賞であろう。しかし、それが決してすべてではないことは、本章で述べたとおりである。敗者は無残な最期《さいご》を遂げるか、仮に生き永らえたとしても、待っていたのは過酷な運命だった。そうした点にも注意を払わなければ、本当の戦国時代の姿は見えてこないのかもしれない。

おわりに

冒頭で触れたとおり、戦国時代のなかでも合戦に対する人気は高い。合戦の謎について、明快に説いた本もある。しかし、本書の第六章で触れたとおり、単なる俗説に過ぎなかったり、二次史料に基づくものも少なくない。あるいは、ほかの合戦の事例を持ち出して自説を補強することもあり、そういう方法が適正なのかも吟味する必要がある。たしかな一次史料で合戦の経過をたどるのは困難とはいえ、荒唐無稽《こうとうむけい》な説、あまりに劇的な説には注意を払うべきだろう。

合戦については、もっとも代表的で論争にもなった、「桶狭間《おけはざま》の戦い」と「長篠《ながしの》の戦い」を取り上げた。しかし、ほかの合戦（特に野戦）についても似たようなもので、わからないことばかりである。慶長《けいちょう》五年（一六〇〇）九月の「関ヶ原の戦い」も論争の的になっているが、あまりに短時間で戦いが終わったので、不明な点が実に多い。合戦の経緯については、安易に二次史料に拠《よ》ったり、近代の軍事理論を援用するのは避けるべきである。

むしろ、合戦に至る政治過程は当然として、戦後処理、合戦にまつわるこまごましたトピックスに注目すべきだろう。本書は、そうした「合戦の舞台裏」にスポットを当てたものである。

とはいえ、本書で取り上げた事項は、ほんの一部に過ぎない。近年では合戦の周辺部分を探る研究が盛んになりつつあるので、注目すべき分野であると思う。

なお、本書は一般書であることから、本文では読みやすさを重視して、学術論文のように逐一、史料や研究文献を注記しているわけではない。執筆に際して多くの論文や著書に拠ったことについて、厚く感謝の意を表したい。また、戦国時代の研究文献は膨大になるので、巻末に掲げた参考文献は主要なものに限っていることをお断りしておきたい。

最後に、本書の編集に関しては、柏書房の村松剛氏のお世話になった。村松氏には原稿を丁寧に読んでいただき、種々貴重なアドバイスをいただいた。ここに厚くお礼を申し上げる次第である。

二〇二〇年十一月

渡邊大門

◆主要参考文献

宇田川武久『鉄砲と戦国合戦』（吉川弘文館、二〇〇二年）
岡嶋大峰「戦場における大名前田家の統制と加賀藩士の自律性―大坂の陣を事例として―」（『加賀藩研究』二号、二〇一二年）
小川雄「戦国時代の水軍と海賊」（渡邊大門編『真実の戦国時代』柏書房、二〇一五年）
小川雄『水軍と海賊の戦国史』（平凡社、二〇二〇年）
小和田哲男『軍師・参謀　戦国時代の演出者たち』（中公新書、一九九〇年）
小和田哲男『戦国軍師の合戦術』（新潮文庫、二〇〇七年）
桐野作人『火縄銃・大筒・騎馬・鉄甲船の威力　戦国最強の兵器図鑑』（新人物往来社、二〇一〇年）
久保健一郎『戦国大名の兵粮事情』（吉川弘文館、二〇一五年）
久保健一郎『戦国時代戦争経済論』（校倉書房、二〇一五年）
黒嶋敏編『戦国合戦〈大敗〉の歴史学』（山川出版社、二〇一九年）
黒田基樹『百姓から見た戦国大名』（ちくま新書、二〇〇六年）
黒田基樹『戦国大名　政策・統治・戦争』（平凡社新書、二〇一四年）
小林一岳・則竹雄一編『戦争Ⅰ　中世戦争論の現在』（青木書店、二〇〇四年）
小林清治『秀吉権力の形成―書札礼・禁制・城郭政策―』（東京大学出版会、一九九四年）
近藤好和『弓矢と刀剣　中世合戦の実像』（吉川弘文館、一九九七年）
近藤好和『騎兵と歩兵の中世史』（吉川弘文館、二〇〇四年）
近藤好和『武具の日本史』（平凡社新書、二〇一〇年）
齋藤慎一・向井一雄『日本城郭史』（吉川弘文館、二〇一六年）

佐脇敬一郎「戦国時代の城郭」（渡邊大門編『真実の戦国時代』柏書房、二〇一五年）
鈴木眞哉『刀と首取り　戦国合戦異説』（平凡社新書、二〇〇〇年）
鈴木眞哉『謎とき日本合戦史　日本人はどう戦ってきたか』（講談社現代新書、二〇〇一年）
鈴木眞哉『鉄砲隊と騎馬軍団　真説・長篠合戦』（洋泉社新書y、二〇〇三年）
高木昭作「乱世―太平の代の裏に潜むもの」（『歴史学研究』五七四号、一九八七年）
高橋典幸ほか『日本軍事史』（吉川弘文館、二〇〇六年）
長屋隆幸「戦国時代の合戦」（渡邊大門編『真実の戦国時代』柏書房、二〇一五年）
西島太郎「戦国大名論」（渡邊大門編『真実の戦国時代』柏書房、二〇一五年）
西股総生『土の城指南』（学研プラス、二〇一四年）
西股総生『戦国の軍隊』（角川ソフィア文庫、二〇一七年）
西股総生『「城取り」の軍事学』（角川ソフィア文庫、二〇一八年）
日本史史料研究会監修・渡邊大門編『信長軍の合戦史　1560-1582』（吉川弘文館、二〇一六年）
平井上総『兵農分離はあったのか』（平凡社、二〇一七年）
平山優『敗者の日本史9　長篠合戦と武田勝頼』（吉川弘文館、二〇一四年）
藤本正行「戦国期武装要語解」（中世東国史研究会編『中世東国史の研究』東京大学出版会、一九八八年）
藤本正行『信長の戦争　『信長公記』に見る戦国軍事学』（講談社学術文庫、二〇〇三年）
藤本正行『桶狭間の戦い　信長の決断・義元の誤算』（洋泉社歴史新書y、二〇一〇年）
藤本正行『長篠の戦い　信長の勝因・勝頼の敗因』（洋泉社歴史新書y、二〇一〇年）
藤本正行『再検証　長篠の戦い　「合戦論争」の批判に答える』（洋泉社、二〇一五年）
堀越祐一「戦国・織豊期の家臣団編成」（渡邊大門編『真実の戦国時代』柏書房、二〇一五年）
峰岸純夫「戦国時代の制札」（同編『古文書の語る日本史5　戦国・織豊』筑摩書房、一九八九年）

盛本昌広『境界争いと戦国諜報戦』（洋泉社歴史新書y、二〇一四年）
盛本昌広『増補新版　戦国合戦の舞台裏』（洋泉社歴史新書y、二〇一六年）
盛本昌広『軍需物資から見た戦国合戦』（吉川弘文館、二〇一九年）
吉田ゆり子『兵と農の分離』（山川出版社、二〇〇八年）
渡邊大門「天正十年三月における羽柴秀吉禁制をめぐって」（『十六世紀史論叢』創刊号、二〇一三年）
渡邊大門「三木合戦」（渡邊大門編『信長軍の合戦史　1560－1582』吉川弘文館、二〇一六年）
渡邊大門「播磨三木合戦に関する一考察―天正六年の情勢を中心にして―」（『十六世紀史論叢』八号、二〇一七年）
渡邊大門「大坂夏の陣後の落人探索について」（『皇學館論叢』三〇五号、二〇一八年）
渡邊大門「天正七・八年における三木合戦の展開について」（『十六世紀史論叢』九号、二〇一九年）
渡邊大門「関ヶ原合戦における軍法について」（『十六世紀史論叢』一一号、二〇一九年）
渡邊大門「丹波八上城の攻防をめぐる一考察」（渡邊大門編『戦国・織豊期の政治と経済』歴史と文化の研究所、二〇一九年）
渡邊大門「明智光秀の丹波攻略」（渡邊大門編『考証　明智光秀』東京堂出版、二〇二〇年）
※ここに掲出したのは主要な一部であり、紙幅の関係からすべてを挙げることができなかった。ご海容をお願い申し上げる。

戦《せん》国《ごく》大《だい》名《みょう》の戦《いく》さ事《じ》情《じょう》

二〇二一年一月一〇日　第一刷発行

著　者　渡《わた》邊《なべ》大《だい》門《もん》

発行者　富澤凡子
発行所　柏書房株式会社
東京都文京区本郷二－一五－一三（〒一一三－〇〇三三）
電話（〇三）三八三〇－一八九一［営業］
（〇三）三八三〇－一八九四［編集］

装　丁　藤塚尚子（e to kumi）
DTP　株式会社キャップス
印　刷　壮光舎印刷株式会社
製　本　株式会社ブックアート

ISBN978-4-7601-5305-3